엄마한테 맡긴 세뱃돈, 돌려받을 수 있나요?

일러두기
본문의 내용은 2022년 8월 법령을 기준으로 작성했습니다.

엄마한테 맡긴 세뱃돈, 돌려받을 수 있나요?

초판 1쇄 인쇄 2022년 9월 8일
초판 1쇄 발행 2022년 9월 15일

글 양서윤
그림 최연지
감수 한규정

펴낸곳 도서출판 개암나무(주)
펴낸이 김보경
경영관리 총괄 김수현 **경영관리** 배정은
편집 조원선 오누리 **디자인** 김효정 **마케팅** 강혜수
출판등록 2006년 6월 16일 제22-2944호

주소 서울특별시 용산구 한남대로40길 19, 4층(한남동, JD빌딩) (우)04417
전화 (02)6254-0601, 6207-0603 **팩스** (02)6254-0602 **E-mail** gaeam@gaeamnamu.co.kr
개암나무 블로그 http://blog.naver.com/gaeamnamu **개암나무 카페** http://cafe.naver.com/gaeam

© 양서윤, 최연지, 2022
이 책의 저작권은 저자에게 있습니다. 저자와 출판사의 허락 없이 내용의 일부를 인용하거나 발췌하는 것을 금합니다.

ISBN 978-89-6830-624-2 73380

품명 아동 도서 | **제조년월** 2022년 9월 15일 | **사용연령** 11세 이상
제조자명 개암나무(주) | **제조국명** 대한민국 | **전화번호** 02-6254-0601
주소 서울특별시 용산구 한남대로40길 19, 4층(한남동, JD빌딩)

생활 속 사례로 생생하게 배우는 법률

엄마한테 맡긴 세뱃돈, 돌려받을 수 있나요?

양서윤 글
최연지 그림

개암나무

    '법'이라는 말을 들으면 어떤 생각이 떠오르나요? 어쩌면 엄격하고, 어렵고, 어린이와 상관없다는 느낌이 들지도 몰라요. 하지만 법은 생각보다 쉽고, 재미있을 뿐더러 우리 가까이에 있어요.

    학교 앞 횡단보도를 건널 때는 도로교통법, 맛있는 급식을 먹을 땐 학교급식법, 인터넷에서 물건을 살 땐 소비자보호법이 바로 여러분 곁을 지켜 줘요. 어때요? 우리가 평소에 하는 생활이 법과 아주 가깝죠?

    법은 우리가 세상을 사는 데 꼭 필요한 것 중 하나예요. 특히 약한 사람을 보호해 주는 든든한 울타리 역할을 하지요. 어린이가 차별받지 않고 건강하고 행복하게 자랄 수 있도록 보호하는 법도 있답니다. 또한, 아픈 사람은 병원에서 치료 받도록 법이 도와주죠. 학교 폭력을 당하거나 물건을 도둑맞았을 때도 법이 피해자를 지켜 줘요. 이처럼 남녀노소 누구나 힘든 일을 당하면 법에 도움을 청할 수 있습니다.

    그래도 법을 잘 모르겠다고요? 걱정하지 마세요. 이 책 속에는 여러분이 한번쯤 겪어 봤을 이야기가 담겨 있어요. 개에게 물릴 뻔했을 때, 길에서 돈을 주웠을 때처럼 일상생활에서 마주할 여러 상황을 정리해 보았습니다. 이야기에 등장하는 친구들의 고민을 읽다 보면 알쏭달쏭한 법을 어떻게 적용해야 하는지 쉽게 알 수 있답니다. 재미있는 이야기를 읽고 친구들과 함께 고민하면 법률 지식이 쏙쏙 들어올 거예요. 책 속의 퀴즈까지 풀면 어느새 법과 친해진 여러분을 발견할 수 있답니다.

양서윤

차례

[사생활 침해]
친구의 카톡을 훔쳐보면 범죄인가요? 8

[미성년자 모바일 결제]
부모님 몰래 산 게임 아이템, 환불받을 수 있을까요? 20

[점유 이탈물 횡령죄와 절도죄]
길에 떨어진 돈을 주운 게 법을 어긴 거라고요? 30

[자연공원법과 산림보호법]
캠핑을 아무 데서나 하면 안 된다고요? 42

[동물보호법]
큰 개에게 물릴 뻔했어요! 52

[개인 정보 보호법과 명예 훼손죄]
장난으로 퍼뜨린 말인데 명예 훼손이라고요? 64

[저작권법]
내가 만든 커버 영상이 내 것이 아니라고요? 76

[중고 거래 관련 법]
낚시로 잡은 물고기는 중고 거래하면 안 된다고요? 88

[상속세와 증여세법]
세뱃돈, 엄마에게 맡겨도 될까요? 100

[민간 수사에 관한 법]
우리나라에는 왜 탐정이 아직 많지 않을까요? 112

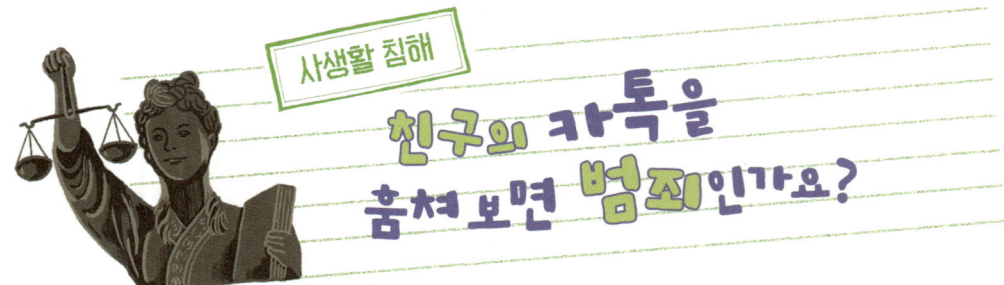

사생활 침해

친구의 카톡을 훔쳐보면 범죄인가요?

"김주아, 너 지금 내 스마트폰 몰래 본 거야?"

정호가 자리에 앉으며 주아에게 소리쳤어요.

"응? 네 스마트폰이 켜져 있길래……."

주아는 화들짝 놀라며 정호의 스마트폰을 내려놓았어요.

"야! 너 내 카톡 몰래 봤지?"

정호는 화면이 꺼지지 않은 스마트폰을 보고 더 크게 화를 냈어요. 정호가 쉬는 시간 동안 화장실에 간 사이 주아는 정호에게 온 메시지를 몰래 보다 딱 걸린 거예요.

정호는 어떤 말이 오갔는지 재빨리 스마트폰을 살펴봤어요.

"너희들 또 싸우냐? 하루라도 그냥 지나가는 날이 없어. 쯧쯧."

앞자리에 앉은 연주는 시끄러운 소리가 나자, 정호와 주아를 번

갈아 보며 나무랐어요.

"싸우는 거 아니거든! 방금 주아가 내 스마트폰 몰래 봤단 말이야!"

정호가 무섭게 목소리를 높이자 연주가 깜짝 놀랐어요.

"주아가? 너는 몰라도 주아는 그럴 애가 아닌데……."

"야! 내 눈으로 똑똑히 봤어. 김주아가 내 카톡 다 봤다고!"

정호가 소리를 지르자 친구들이 주변으로 모여들었어요.

"미안해. 일부러 보려던 건 아니었어."

주아는 눈물을 글썽이며 기어들어 가는 목소리로 말했어요.

"너 내 스마트폰 잠금 패턴 어떻게 알았어? 설마 잠금 패턴도 몰래 훔쳐봤어?"

정호는 더욱 화가 난 듯 따져 물었어요.

주아는 어떻게 스마트폰 잠금을 풀었을까요?

"네가 카톡을 보내다 그냥 화장실에 가는 바람에 화면이 켜져 있었거든. 그때 화면에 내 이름이 적힌 메시지 알림이 뜨더라고. 그래서 너무 궁금해서 나도 모르게 그 메시지를 눌러 보고 말았어."

주아는 정호의 스마트폰을 허락 없이 보긴 했지만 잠금을 풀지 않았고, 자신의 이름이 등장한 메시지 때문에 호기심에 봤다고 말했어요. 뜻밖의 말에 정호는 당황했지만 목소리를 높여 주아에게 따졌어요.

"뭐? 화면이 켜져 있으면 마음대로 봐도 돼?"

"어쩐지. 주아가 괜히 네 메시지를 볼 리가 없지."

옆에 있던 연주가 팔짱을 끼며 주아 편을 들었어요.

"연주 너는 내가 잘못했다는 거야? 남이 무슨 메시지를 보내든, 스마트폰을 몰래 본 주아 잘못이지 왜 내 잘못이야?"

"맞아. 주아의 행동은 사생활 침해야. 아무리 스마트폰 잠금이 풀려 있어도 몰래 보면 안 돼."

옆에서 듣던 민준이가 단호하게 이야기했어요.

"그래, 사생활 침해!"

민준이의 말이 마음에 든 정호는 더 큰소리로 따졌어요.

"우리 아빠가 부부 사이에도 스마트폰을 몰래 보면 안 된다고 했어."

민준이는 집에서 들었던 말을 친구들에게 전했어요.

"나는 정호가 체육 시간에 몰래 내 사진을 찍은 것 같아서, 혹시 그 사진을 다른 애들한테 퍼뜨린 건 아닌지 불안해서 본 것뿐이야."

풀이 죽은 주아는 더듬거리며 입을 열었어요.

"그게 무슨 소리야?"

주아의 말에 연주가 눈을 동그랗게 떴어요.

"아까 체육 시간 끝나고 교실에 들어올 때 정호가 내 쪽으로 스마트폰을 들었어."

조심스럽게 이어지는 주아 말에 다들 귀를 기울였어요.

"혹시 내 사진 찍은 거 아니냐고 물어봤더니 대답도 안 하고 도망가더라고. 그래서 정말로 내 사진을 찍었나 했지……."

주아는 정호의 눈치를 보다 울먹거렸어요. 옆에서 듣고 있던 친구들이 깜짝 놀라 정호를 쳐다봤어요.

"남의 사진 몰래 찍는 것도 불법이야."

민준이가 소리쳤어요.

"장민준, 넌 대체 누구 편이야?"

"난 누구 편도 아니야. 올바른 사실을 말할 뿐이지."

민준이가 정호와 주아를 번갈아 보며 말했어요.

"나 네 사진 안 찍었어. 너처럼 못생긴 애 사진을 내가 왜 찍냐? 그리고 네 이야기가 아니라 엄마한테 내 동생 '주원'이 이야기를 한 거라고."

누명을 쓴 정호는 엄마와 주고받은 대화 창을 주아에게 보여 줬어요.

정말 그 카톡에는 정호 동생 주원이 이야기만 있었어요. 정호는 내친김에 스마트폰 사진 폴더까지 주아에게 확인시켜 주었어요.

"어? 정말 내 사진이 없네. 네가 내 쪽으로 스마트폰을 들고 있어서 오해했어……. 미안해."

주아가 정호에게 다급히 사과했어요.

"내 사진만 없으면 괜찮아. 네가 내 사진을 찍은 줄 알았고, 메시지에 내 이름과 비슷한 주원이 이름이 나와서 오해했어. 정말 미안해."

주아의 진심 어린 사과에 정호도 조금은 화가 풀려 고개를 끄덕였어요.

"야, 근데 정호가 주아 보고 못생겼다고 했잖아. 정호도 주아한테 한 그 말 사과해!"

주아의 사과를 들으며 곰곰이 생각하던 연주가 발끈했어요.

"민준아, 못생겼다는 말은 해도 괜찮아?"

"글쎄……."

연주가 묻자 민준이가 머리를 긁적였어요.

어디까지 사생활 침해일까요?

정호는 남의 카톡을 마음대로 보는 건 사생활 침해라고 말했어요. 주아는 잠겨 있던 화면을 풀어서 본 것도 아닌데, 사생활 침해라고 하는 건 너무하다고 생각했죠. 이처럼 사람에 따라 사생활 침해 범위를 다르게 생각할 수 있어요. 그럼 지금부터 법적으로는 사생활 침해가 무엇이고, 그 범위는 어디까지인지 알아봐요!

사생활 침해란 무엇일까요?

사생활이란 개인적인 일이나 다른 사람에게 공개할 수 없는 나만의 비밀을 말해요. 한마디로 '개인의 사사로운 일상생활'이라고 할 수 있죠. **세계 인권 선언문** 제12조에 따르면 사람은 사생활, 가족, 사는 곳 또는 통신에 대해 다른 사람에게 간섭이나 비난을 받지 않도록 법의 보호를 받을 권리가 있어요. 누군가 허락 없이 다른 사람의 비밀에 접근하면 그게 바로 사생활 침해예요.

누구나 인간답기 위해 살고 있는 곳을 수색 당하지 않을 주거의 자유, 사생활을 알리고 싶지 않을 때 공개하지 않을 사생활의 비밀과 자유, 전화, 편지 등을 국가에 공개하지 않을 통신의 비밀과 자유를 가져요. 본인의 동의 없이 다른 사람에게 침해받지 않을 권리도 가집니다.

> **세계 인권 선언문**
> 전 세계 사람들의 권리와 자유를 밝힌 선언문으로, 1948년 UN 총회에서 발표했어요. 제12조는 '어느 누구도 자신의 사생활이나 가족이나 가정이나 통신에 대해 자의적인 간섭을 받거나 자신의 명예와 명성에 대한 비난을 받아서는 안 된다. 모든 사람에게는 그러한 간섭이나 비난에 대해 법의 보호를 받을 권리가 있다.'예요.

침해 침범하여 해를 끼침.

우리나라에서는 『헌법』이 모든 국민의 자유를 보장하고 있지요.

> **헌법**
> 국가의 법 체계의 가장 기초적인 법이자 국민의 권리와 의무를 명시한 최고 법이에요. 변경할 수 없는 최고의 법규로, 내용을 바꾸려면 국민 투표를 거쳐야 해요.

이런 것도 사생활 침해예요!

사생활 침해는 단순히 다른 사람의 정보 노출만을 말하는 게 아녜요. 다른 사람의 사생활인 편지나 메시지, 사진을 보거나 장난으로 공개하는 것도 사생활 침해에 해당해요. 그런데 이러한 행동은 사생활 침해를 넘어서 인권* 침해에 속한다는 사실! 그러니 아무리 가까운 가족이나 친구라도 허락 없이 사생활을 보거나 남에게 공개하면 안 되겠죠? 문제가 심각해질 수 있으니 다른 사람에게 대화 내용을 보여 주거나 공유할 땐 꼭 당사자에게 허락을 받아야 한다는 것, 잊지 말아요!

그 외에 사생활 침해 사항

- 비밀번호를 알아내 개인 SNS 계정에 허락 없이 접속하는 행위
- 다른 사람의 이메일을 몰래 훔쳐보는 행위
- PC에 자동 로그인되어 있는 다른 사람의 메신저에 접속해 메시지 등을 복사, 공유하는 행위
- CCTV로 다른 사람 사이에서 일어난 대화를 녹음·녹화하는 행위
- 다른 사람의 편지나 문서를 뜯어서 보는 행위

인권 인간으로서 가지는 기본적 권리. 차별받지 않을 권리, 자유로울 권리, 일할 권리 등이 이에 속함.

수집된 나의 개인 정보를 알 권리도 중요해요!

학생의 다양한 정보를 모아 놓은 종합교육행정정보시스템(NEIS)*을 알고 있나요? 예전에는 이곳에 수집된 개인 정보를 학생 본인은 볼 수 없었어요. NEIS는 학교 생활 기록부, 성적표 등의 정보를 제공하는데, 담임 선생님이나 부모님을 통해서만 NEIS에 수집된 본인 정보를 확인할 수 있었죠. 하지만 지금은 자신의 정보를 직접 볼 수 있도록 바뀌었어요.

국가인권위원회가 재학생도 NIES에 수집된 본인의 정보를 스스로 열람할 수 있도록 관계 기관에 대책을 마련하라고 권고했기 때문인데요, 자신의 정보를 열람할 수 없었던 제도가 『헌법』에 보장된 개인 정보 자기 결정권과 열람 청구권, 정정 청구권 등을 침해했다는 게 그 근거였어요. 미성년자인 학생에게도 자신의 정보를 열람하고 알 수 있는 권리가 있다는 것, 기억하면 좋겠죠?

종합교육행정정보시스템(NEIS) 교육부가 구축한 전국 단위의 교육 행정 정보 체계.

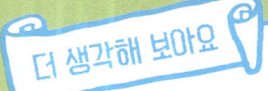

전염병과 사생활 침해

전염병은 빠르게 확산하기 때문에 감염자의 이동 경로를 정확하게 파악하는 일이 중요해요. 보건복지부장관 또는 질병관리본부장은 감염병 예방 및 감염 전파의 차단을 위해 필요한 경우 중앙 행정 기관, 공공 기관, 의료 기관, 법인 및 단체 개인에 대해 정보 제공을 요청할 수 있어요. 개인 정보 제공을 요청받은 사람은 이에 따라야 하지요.

코로나19로 방역에 비상이 걸린 2020년, 정부는 방역을 위해 전자 출입 명부 사용을 권장했어요. QR 코드를 화면에 스캔만 하면 되니 매우 간편하고, 종이로 쓴 개인 정보가 다른 사람에게 노출되는 사고도 줄일 수 있지요. 식당과 카페 등 여러 사람이 출입하는 시설의 관리자는 QR 코드를 스캔해 정부가 개발한 시설 관리자용 애플리케이션에 방문을 기록하고, 수집한 개인 정보는 4주 뒤 폐기해요. 그런데 참여연대라는 시민 단체는 이 과정이 지나치게 개인의 사생활을 침해한다고 비판했어요. 로그인할 때 자신의 실명, 성별 같은 개인 정보가 그대로 저장되기 때문이에요.

또 다른 사생활 침해 문제도 있어요. 각 지자체는 추가 확진자를 막기 위해 확진자가 언제 어떤 곳을 다녀왔는지 홈페이지와 문자를 통해 공개했어요. 이 과정에서 확진자의 사생활 정보와 동선이 지나치게 구체적으로 공개되다 보니 내밀한 사생활이 원치 않게 노출되는 인권 침해를 우려하는 목소리가 점점 커졌어요. 게다가 정부는 2020년 5월 통신사로부터 집단 감염이 발생한 지역의 기지국 접속자 명단까지 받아 사생활 침해 논란은 더욱 불거

졌죠.

　출입 명부와 휴대폰 기지국 추적은 감염자 관리와 전염병 확산을 막는 데 매우 효율적이지만 질병 관리를 이유로 개인의 사적인 생활을 무분별하게 침해하는 것을 그냥 내버려 두어도 괜찮을까요? 앞으로 또 다른 감염병이 확산한다면 방문자들을 추적하되 사생활도 보호할 수 있는 방법을 찾아야 할 거예요.

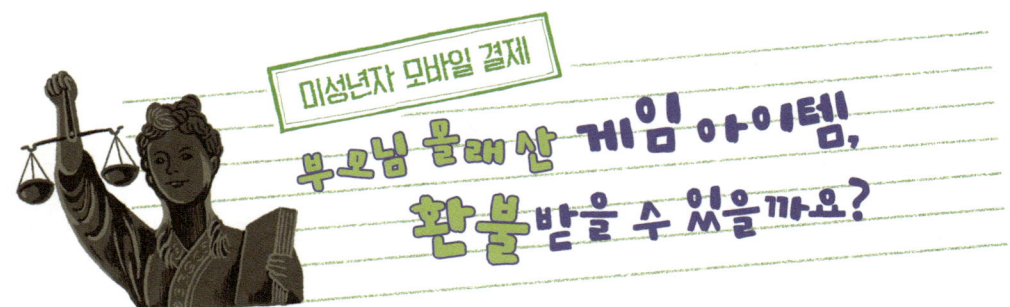

미성년자 모바일 결제
부모님 몰래 산 게임 아이템, 환불받을 수 있을까요?

'쿠당탕!'

지민이는 오늘도 스마트폰 게임 중이에요. 사막을 탐험하며 총을 쏘는 게임인데 지민이의 캐릭터가 누군가의 공격을 받아 쓰러졌어요.

"에잇, 또 당했어! 에너지도 없는데!"

에너지는 캐릭터의 목숨이기 때문에 에너지가 찰 때까지 30분을 기다려야 해요. 조금 전에도 30분을 기다려 겨우 한 판을 했는데, 몇 분 만에 캐릭터가 죽어 버렸어요.

너무나 아쉬워하고 있는데 중단된 게임 화면에 메시지가 떴어요. 이내 지민이의 눈동자가 반짝거렸어요.

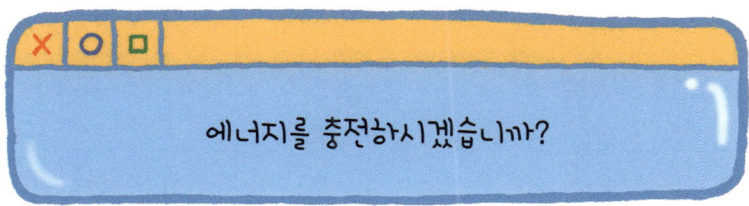

지민이는 침을 꿀꺽 삼키며 팝업 메시지를 눌렀어요. 그러자 결제 페이지가 떴어요.

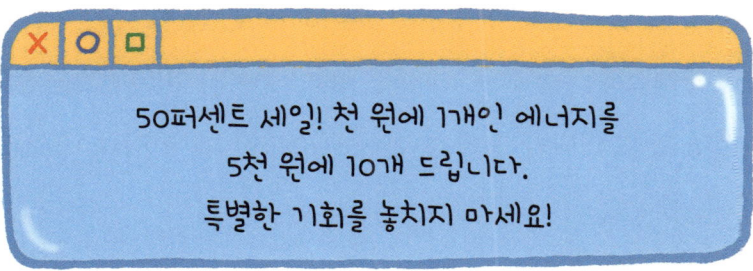

'우아, 정말 싸다. 원래 만 원인데 5천 원만 내면 된다고?'

지금까지 한 번도 게임 아이템을 결제해 본 적 없는 지민이의 가슴이 두근거렸어요. 10개의 에너지를 채우려면 몇 시간이나 걸리는데, 5천 원만 내면 바로 채워진다니 솔깃했어요. 게다가 5천 원이면 원래 가격인 만 원의 절반!

지민이는 딱 한 번만 충전하겠다고 마음먹었어요. 에너지 구입 버튼을 누르자 작은 알림창이 떴어요.

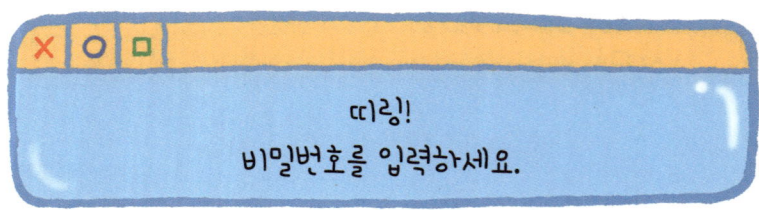

띠링!
비밀번호를 입력하세요.

"비밀번호?"

이 스마트폰은 엄마가 사 주셨고, 간편 결제 비밀번호는 엄마만 알고 있어요.

"어떡하지? 엄마한테 아이템 사 달라고 하면 안 해 주실 텐데."

엄마 몰래 스마트폰으로 게임을 하는 중이라 비밀번호는 물어볼 수 없었지요. 그러다가 엄마가 인터넷 쇼핑할 때 입력한 네 자리 숫자가 떠올랐어요.

고민하던 지민이는 침을 한번 꿀꺽, 삼키고는 엄마의 비밀번호를 알림 창에 입력했어요.

"7542."

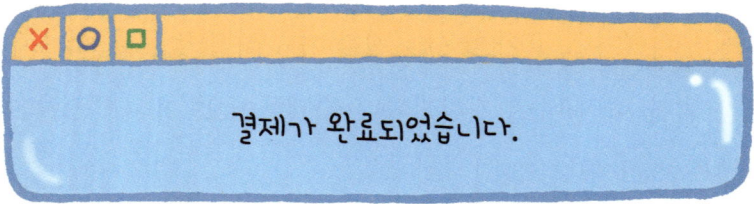

결제가 완료되었습니다.

"어? 결제가 되었네?"

순식간에 게임 캐릭터에 10개의 에너지가 생겼어요. 벌떡 일어선 캐릭터를 보자마자 지민이는 바로 게임을 시작했어요. 에너지가 넉넉히 생긴 게임 속 캐릭터는 마음껏 사막을 누비며 상대방을 공격했어요. 지민이는 시간 가는 줄 모르고 게임 속 세상을 누볐어요. 하지만 얼마 지나지 않아 캐릭터가 모래밭에 또 쓰러졌어요.

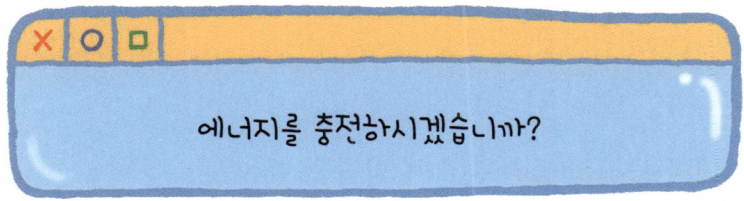

"너무해. 벌써 에너지가 다 사라지다니."

허무하게 사라진 에너지 때문에 지민이는 더욱 조바심이 났어요. 에너지 10개가 더 생긴다면 다음번 미션을 달성하고 레벨을 올릴 수 있을 것 같았거든요.

지민이는 다시 충전 버튼을 눌렀어요. 이번에도 비밀번호를 입력해 아이템을 결제했어요. 지민이는 벌떡 일어난 게임 캐릭터와 함께 사막을 누볐어요.

그날 밤, 지민이는 여러 번 결제를 반복했고 새벽까지 게임을 했어요. 엄마가 늦잠을 자는 지민이를 깨웠어요.

"지민아, 학교 가야지. 얼른 일어나."

갑자기 들린 엄마 목소리에 지민이는 가슴이 쿵쾅거렸어요.

"엄마, 나 학교 갈게요. 늦었어요. 오늘 빨리 가야 돼요."

지민이는 혹시나 엄마에게 들켜 혼날까 봐 아침밥도 거르고 가방만 챙겨 학교로 나섰어요.

같은 반 친구인 윤우가 손을 흔들며 다가왔어요.

"어? 너 어디 아파? 왜 땀을 흘려?"

"그게 사실은……."

지민이는 윤우에게 사실을 털어놓았어요. 윤우도 지민이와 같은 게임을 하고 있어서 아이템 결제에 대해 잘 알거든요.

지민이의 사정을 들은 윤우가 깜짝 놀랐어요.

"어떡해, 너희 엄마도 곧 아실 텐데."

"어제 몇 번이나 결제했는지 몰라. 돈 많이 쓴 것 같은데, 어떡하지?"

윤우는 걱정하는 지민이에게 괜찮다고 위로의 말을 건넸어요.

"지민아, 그 회사에 전화해 보면 어때? 결제 취소해 달라고."

"결제 취소?"

"응, 우린 아직 어린이니까 실수했다고 말하면 환불해 줄 거야."

"정말 그럴까?"

윤우의 말에 지민이는 솔깃했지만 여전히 불안했어요.

"내가 직접 비밀번호를 입력한 건데 취소가 될까?"

"야, 실수라고 말해. 나 편의점에서 과자 잘못 사고 실수라고 하니까 환불해 줬어."

윤우는 게임 아이템도 과자처럼 당연히 환불이 될 거라고 말했어

요. 지민이도 윤우 말처럼 되면 좋겠지만 이미 아이템을 써 버렸다는 사실이 떠올랐어요.

"하지만 환불하려면 에너지를 사용하지 말았어야 하는 거 아니야? 난 벌써 게임 에너지를 다 썼어. 충전할 때마다 곧바로 사용했거든."

"그래도 연락해 봐. 어른들은 어린이를 잘 용서해 주니까."

"알았어. 네 말대로 환불되면 좋겠다."

지민이는 스마트폰을 꺼내 게임 회사의 전화번호를 검색했어요. 엄마에게 혼나는 건 상상만 해도 무서웠거든요. 지민이는 애타는 마음으로 상담원에게 전화를 걸었어요.

미성년자의 게임 아이템 거래, 알아볼까요?

지민이는 부모님께 허락받지 않은 채 스마트폰으로 게임 아이템을 구입해 게임을 했어요. 밤새 재밌게 게임을 즐기고 나서야 엄마에게 혼날까 봐 걱정이 됐어요. 친구인 윤우에게 고민을 털어놓으니, 윤우는 게임 업체에 전화해서 미성년자이고, 실수로 아이템을 결제했으니 취소해 달라고 하면 어떻겠냐고 했어요. 윤우 말대로 이미 결제한 아이템을 취소할 수 있을까요? 취소가 가능하다면 어떻게 해야 할까요? 함께 알아보도록 해요!

미성년자가 부모님 허락 없이 한 모바일 결제, 환불이 될까요?

원칙적으로 미성년 자녀는 부모님의 동의 없이 모바일 결제를 하면 안 돼요. 게임 아이템, 음악 스트리밍 서비스, 모바일 상품권을 결제하는 등 미성년자의 스마트폰을 이용한 모든 소액 결제˙는 부모님의 동의 아래서만 가능해요.

하지만 결제 방식이 매우 간단해서 누구나 쉽게 접근할 수 있지요. SMS로 전송받은 인증 번호만 입력하면 되는 경우도 있거든요. 부모님이 미리 신용 카드를 등록해 둔 스마트폰을 이용한다면 비밀번호나 패턴만 입력하면 바로 결제할 수도 있어요. 이처럼 결제 방법이 아주 간단하니, 유혹에 빠지기도 쉬운 거예요.

그럼 업체들이 이를 막으면 되지 않느냐고요? 부모님의 동의를 받고 결제

소액 결제 전자 상거래에서 작은 금액의 거래에 적합하도록 만든 결제 방식.

하는 게 원칙이지만 온라인상에서는 미성년자가 부모님 몰래 결제하는지 아닌지 알아낼 방법이 없어요. 그러니 막을 수 없지요.

나중에 부모님이 모바일 결제 사실을 알고 결제를 취소하려 해도 그 과정은 매우 까다로워요. 결제 당시 부모의 허락이 없었다는 사실을 증명해야 하는데, 시간이 지난 뒤에는 이를 증명하기가 쉽지 않기 때문이지요.

이를 증명할 만한 증거가 있더라도, 해당 게임 회사나 결제 기관에서 약관˚에 미성년자의 결제라 해도 취소할 수 없다는 조항을 정해 두었다면 이를 근거로 하여 결제 취소를 거부하는 경우도 있어요. 그리고 부모님이 통신사와 체결한 정보 이용료 서비스 이용 한도에 관해서는, 미성년 자녀에게 그 한도만큼 용돈을 지급한 것으로도 볼 수 있어 현실적으로 결제 취소가 어려울 수 있답니다. 스마트폰의 명의가 부모님 것이 아닌 미성년자의 것이거나 부모님의 명의인 스마트폰을 이용해 미성년자 본인의 카드로 결제한 경우에도 환불이 어려울 수 있어요.

약관 계약의 당사자가 다수의 상대방과 계약을 맺기 위해 미리 마련해 둔 계약의 내용.

모바일 결제 분쟁, 어디에 도움을 청해야 할까요?

콘텐츠 산업 규모가 커지고 모바일을 통한 거래가 증가하면서 여러 문제가 발생하고 있어요. 이에 따라 정부는 콘텐츠 사용과 거래에 대한 분쟁을 조정하는 기관을 만들었어요. 모바일 결제로 문제가 생기면 콘텐츠분쟁조정위원회(https://www.kcdrc.kr)에 접속하면 돼요. 나와 비슷한 사례 확인은 물론 각종 상담이나 분쟁 조정 신청 등 여러 도움을 직접 요청할 수 있어요. 온라인 상담은 물론 전화나 방문 상담까지 가능하지요. 한국소비자원(https://www.kca.go.kr)을 통해 피해 구제나 분쟁 조정을 요청할 수도 있으니 알아 두면 좋겠죠?

미성년자 모바일 결제를 근본적으로 막을 방법이 없을까요?

가장 좋은 방법은 부모님의 허락을 받고 모든 모바일 결제를 하는 거예요. 하지만 더욱 간편한 방향으로 모바일 결제 수단이 발전하기 때문에 충동적으로 게임 아이템을 결제하기 쉽지요. 이런 일을 막으려면 어떻게 해야 할까요? 우선 스마트폰의 소액 결제 기능을 모두 차단해요. 결제 수단을 등록하지 않는 것도 좋은 방법이지요. 또 자녀 보호 기능을 애플리케이션 마켓에 미리 설정해 두거나 간편 동의 서비스 애플리케이션을 설치해도 좋습니다. 모바일 결제가 될 경우 부모님의 스마트폰으로 승인 확인을 받는 기능이 있거든요. 정말 필요한 물건이라면 부모님 허락을 받고 결제해야겠지요?

피해 구제 자연적인 재해나 사회적인 피해를 당하여 어려운 처지에 있는 사람을 도와줌.

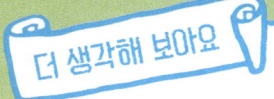

모바일 게임을 즐길 때 스스로 한 번 더 생각해요!

2015년, 우리나라에서 열 살 아이가 25차례에 걸쳐 게임 아이템을 구매한 사건이 일어났어요. 무려 181만 원의 비용이 애플리케이션 마켓을 통해 결제되었어요. 아이의 부모는 애플리케이션 마켓에 환불을 요청했어요. 하지만 애플리케이션 마켓은 환불을 거절했고, 부모는 업체를 상대로 손해 배상 청구 소송을 벌였어요.

사건을 담당한 수원지방법원은 애플리케이션 마켓에 손해 배상 책임이 있다고 판결했어요. 미성년자가 25번이나 결제하는 동안 본인 인증을 소홀히 한 책임이 기업에 있다고 판결한 셈이죠. 하지만 결제 금액의 절반만 책임지라고 판결을 내렸어요. 부모 역시 미성년자인 자녀를 교육하고 지도할 책임이 있다고 판단했기 때문이었어요.

우리나라뿐 아니라 전 세계적으로 미성년자의 모바일 결제에 따른 사건 사고가 자주 발생하고 있어요. 중국 랴오닝성에 사는 중학생은 게임 속 캐릭터를 꾸미기 위해 부모님 몰래 스마트폰으로 천만 원 넘는 게임 머니를 결제했어요. 어머니의 은행 계좌를 연동해 결제한 중학생은 부모님에게 문자로 사실을 알리고 결국 극단적 선택을 했어요. 게임 회사는 결제한 금액을 환불해 달라는 부모의 요구에 응하지 않다가 논란이 일자 환불 의사를 밝혔지요.

빠르게 변하는 게임만큼이나 결제와 인증 시스템도 날로 발전합니다. 가장 중요한 것은 게임을 하면서 적절한 시간에 즐기고 스스로 아이템을 사고 싶은 마음을 절제할 줄 아는, 책임 있는 사람이 되려는 모습이겠죠?

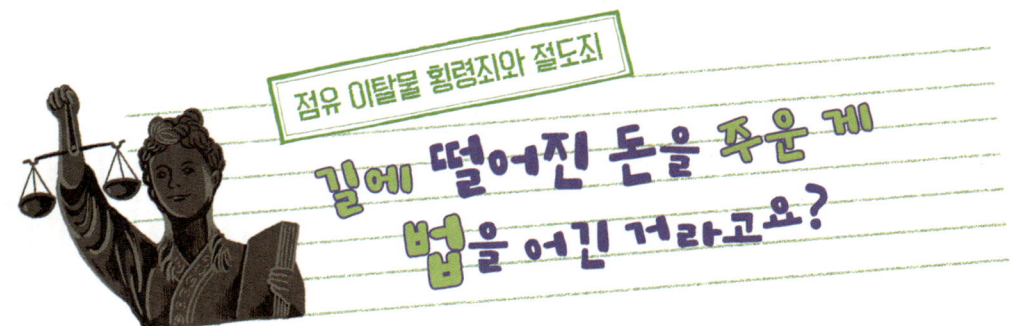

점유 이탈물 횡령죄와 절도죄
길에 떨어진 돈을 주운 게 법을 어긴 거라고요?

"아, 아깝다."

은서와 함께 PC방에서 나온 현우는 크게 한숨을 쉬었어요.

"아깝긴 뭐가 아까워? 어차피 우리 돈도 아닌데."

은서가 현우의 말에 웃으며 말했어요.

"아깝지. 만 원이 적은 돈이야? 만 원이면 PC방이 몇 시간인데."

"그 만 원이 우리 돈이야? 주인이 있는 남의 돈인데 우리가 쓰면 안 되지."

방금 전 PC방에서 현우와 은서는 만 원짜리 지폐 한 장을 주웠어요. 현우는 그 돈을 가지고 싶었어요. 만 원이면 둘이서 5시간 동안 게임을 할 수 있었거든요. 하지만 은서는 주인을 찾아 줘야 한다면서 PC방 주인에게 주운 돈을 가져다주었어요.

"돈에 누구 거라고 이름이 써 있는 것도 아닌데, 주인이 누군지 어떻게 알아? 바닥 한가운데에 떨어져 있었던 걸 보니 PC방 주인 아저씨 돈도 아닌 것 같은데."

"그거야 나도 모르지. 하지만 적은 돈도 아니고 만 원인데 주인이 찾으러 오지 않겠어?"

현우도 은서의 말이 맞다고 생각했어요. 만약 만 원을 잃어버린다면 그 돈을 찾기 위해 갔던 곳을 돌아다닐 것 같았거든요.

"네 말이 맞지만 어쩐지 아까워."

현우는 은서에게 투덜거렸어요.

은서와 현우는 집으로 가려고 가로수가 늘어선 길로 걸어갔어요.

"어? 저게 뭐지?"

그때 현우가 은행나무 아래서 무언가를 발견하고 뛰어갔어요.

"은서야, 여기 봐. 만 원이야!"

"뭐라고?"

깜짝 놀란 은서가 달려가니 정말 꼬깃꼬깃하게 접힌 만 원짜리 지폐 한 장이 보였어요.

"이럴 수가. 우리 하루에 두 번이나 만 원을 발견했어."

현우는 신기해서 만 원짜리 지폐를 앞뒤로 돌려 보며 진짜 돈이 맞는지 확인했어요.

"정말 신기하다. 하루에 두 번이나 돈을 발견하다니."

은서는 현우가 집어 든 지폐를 물끄러미 바라보았어요. 여러 번

접혀 볼품없어 보였지만 진짜 돈이 틀림없었어요.

"야, 우리가 착하니까 하늘에서 상을 준 거야. 이 돈은 우리가 가져도 돼."

현우는 주변에 누가 없는지 살피며 두리번거렸어요. 마침 주변에 아무도 없었어요.

"현우야, 그러면 안 돼!"

은서는 바지 주머니에 지폐를 넣으려는 현우의 팔을 잡았어요.

"그거 네 돈 아니잖아. 주인을 찾아 줘야지."

"이은서, 이 돈은 길에서 주운 거잖아. 어떻게 주인을 찾아? 여기서서 주인이 찾아 올 때까지 기다리자고?"

"그건 아니지만……."

은서와 현우가 돈을 발견한 곳은 누구나 지나다닐 수 있는 길이었어요. 은서도 주인을 찾아야 한다고 말했지만 어떻게 해야 할지 알 수 없었지요. PC방엔 주인이 있어서 주운 돈을 맡기면 됐지만 아무나 오가는 길에서 주운 돈은 어떻게 해야 할지 몰랐어요.

"여기 만 원을 그냥 두고 가면 누가 집어 가겠지. 그러면 주인도 못 찾을 거라고."

현우는 만 원을 손에 꼭 쥐고 내려놓지 않았어요. 길에서 주운 돈은 주인을 찾아 줄 길이 막막했기 때문에 발견한 사람이 임자일 것 같았거든요.

은서도 현우의 말이 맞다고 생각했지만 어쩐지 마음이 불편했어

요. 아무리 주인이 없는 물건이라도 함부로 가져가면 안 된다고 학교에서 배웠기 때문이에요. 곰곰이 생각하던 은서가 말했어요.

"현우야, 우리 이 돈 경찰서에 가져다 주자."

"경찰서? 아무리 경찰이라고 해도 길에 떨어진 만 원 주인은 못 찾을 것 같지 않아?"

현우는 경찰서에 가지고 가 봤자 주인을 찾기도 어려울 뿐더러 큰돈도 아닌 겨우 만 원 가지고 경찰서까지 가야 하나 싶었어요.

"야, 넌 바늘 도둑이 소도둑 된다는 말도 몰라? 만 원도 큰돈인데 그냥 가지려고 해?"

은서는 팔짱을 끼고 현우를 나무랐어요.

"이름이 써 있는 것도 아니고, 아무리 경찰이라도 지폐 주인을 어떻게 찾겠어?"

현우는 PC방에서 주인을 찾아 준 돈도 아까웠기 때문에 고집을 피웠어요.

"그래도. 만약 어떤 아이가 사고 싶었던 걸 사려고 모아 뒀던 용돈이면 어떡해? 너 그 돈으로 PC방 가려고 그러지?"

은서는 현우의 속마음을 들여다본 것처럼 콕 집어 말했어요.

"아, 아니거든!"

당황한 현우는 말을 더듬거리며 꾸깃꾸깃해진 지폐만 자꾸 만지작거렸어요.

길에 떨어진 물건을 주워도 될까요?

은서와 현우는 PC방에서 주운 만 원의 주인을 찾아 주기 위해 PC방 사장님에게 맡겼어요. 그러다 우연히 길에서 다시 한번 만 원을 발견해요. 은서는 길에서 주운 돈 역시 주인이 있을 테니 찾아 주자고 하고, 현우는 표시가 있는 것도 아닌데 그냥 써 버리자고 말해요. 길에 떨어져 있는 돈은 가져도 될까요? 누군가가 잃어버린 물건을 길에서 줍는다면 어떻게 해야 할까요?

함부로 물건을 주우면 안 돼요!

점유 이탈물 횡령죄란 누군가 잃어버린 물건 등을 가져가면 성립하는 범죄를 말해요. 길에 떨어진 연필이나 우산도 누군가의 소유물이기 때문에 함부로 가져간다면 죄가 될 수 있다는 말이지요. 그렇다면 길거리에서 흔히 볼 수 있는 은행나무에서 떨어진 은행 열매는 가져가도 괜찮을까요? 가을철 길에 널브러진 은행 열매는 얼핏 보면 주인이 없어 보이지만, 법에 따르면 은행나무를 관리하는 지자체의 소유랍니다. 지자체마다 나무에서 떨어진 열매를 채취하는 행위를 허락하는 경우도 있지만 그렇지 않은 경우도 있으므로, 세상에 주워도 되는 물건은 거의 없다고 생각하면 돼요.

PC방에서 주인 없는 물건을 주워 가면 죄가 더 크다고요?

같은 물건이나 돈이라도 어느 장소에서 주웠는지에 따라 죄의 종류와 처벌의 정도가 달라진다는 사실, 알고 있나요? 주인에게서 벗어난 물건을 가져가면 점유 이탈물 횡령죄, PC방이나 택시 안, 은행 등 주인이나 관리자가 있는 상황에서 몰래 물건을 가져가면 절도죄˚가 됩니다. 관리자가 있는 곳이냐 아니냐에 따라 죄가 달라지는 것이지요. 점유 이탈물 횡령죄는 1년 이하의 징역이나 300만 원 이하의 벌금이 부과되는 반면 절도죄는 6년 이하의 징역이나 1,000만 원 이하의 벌금이 나올 정도로 훨씬 무거운 처벌을 받는 중범죄랍니다.

벌금, 금고, 징역, 사형에 대해 알아보아요.

벌금	법을 어긴 경우에 적용되는 금전적인 형벌입니다. 재판을 받게 되므로 벌을 받은 기록이 남습니다. 5만 원 이상부터 벌금이라고 하며, 5만 원 미만은 과료로 구분됩니다.
금고	교도소에 구치돼 신체적 자유를 빼앗는 형벌입니다. 징역과 달리 교도소에 감금만 하고 노동은 하지 않아요. 무기 금고와 유기 금고로 나뉘는데, 무기 금고는 평생 노동을 하지 않고 교도소에서 지내는 형벌이며, 유기 금고형은 1개월 이상 30년 이하로 교도소에서 지내야 하는 형벌입니다.
징역	교도소에서 지내면서 일정한 노동을 해야 하는 형벌이에요. 무기 징역과 유기 징역으로 구분되는데, 무기 징역은 목숨을 다할 때까지 교도소에서 지내야 합니다. 유기 징역은 1개월에서 30년 이하(가중 처벌 시 최장 50년)로 교도소에서 지내며 노동을 해야 하는 처벌이에요.
사형	죄를 지은 사람의 목숨을 끊는 형벌이에요. 우리나라는 1997년 이후로 사형을 집행˚하지 않고 있어요.

절도죄 다른 사람이 점유한 재물을 몰래 훔침으로써 성립하는 범죄.
집행 법률, 명령, 재판, 처분 따위의 내용을 실행하는 일.

유실물(잃어버린 물건)을 발견하면 어떻게 해야 할까요?

만약 대중교통에서 유실물을 발견했을 경우에는 역무원이나 운전기사에게 전달하면 됩니다. 길에서 유실물을 발견하면 경찰서에 가져다주고 습득물 신고 접수를 하면 돼요. 경찰서에 유실물을 신고한 뒤 6개월이 지나도록 주인이 나타나지 않으면 『유실물법』에 따라 그 물건을 발견하고 신고한 사람이 소유하게 됩니다. 6개월 동안 찾지 않는 물건은 소유자가 없다고 보는 거지요. 습득물을 신고 접수 시, 신고자가 습득 권리를 포기한 경우라면 국가가 소유하거나 폐기하게 돼요.

> **『유실물법』**
> 잃어버린 물건을 발견한 사람은 어떤 의무가 있고, 어떤 보상을 받을 수 있는지, 또 잃어버린 물건을 어떻게 처리하고 보관해야 하는지 규정하고 있는 법이에요.
>
> **『형법』**
> 범죄와 형벌을 정한 법률이에요. 형법에 나오는 형벌로는 사형, 징역, 벌금 등이 있어요.

만약 유실물을 신고하지 않고 가져가면 어떻게 되냐고요? 남의 물건을 들고 움직이는 행위 자체가 점유 이탈물 횡령이므로 처벌을 받을 수 있어요. 그렇다면 길을 잃은 강아지를 발견하면 어떻게 해야 할까요? 이럴 때도 경찰서에 신고하거나 시·도·군의 동물보호센터에 신고하면 됩니다. 『형법』상 강아지는 물건으로 취급하기 때문에 길을 잃은 강아지를 집에 데려가면 점유 이탈물 횡령죄가 될 수 있어요. 그러니 길을 잃은 반려동물을 발견했을 때도 즉시 경찰에 신고해야겠지요?

소유자 물건을 완전히 갖는 권리, 물건을 사용하고 팔 수 있는 모든 권리를 갖는 사람.

잃어버린 물건은 어디서 찾을 수 있을까요?

만약 버스에서 물건을 잃어버린 직후라면, 다산 콜센터(120)에 전화하거나 지역별 버스 정보 시스템을 통해 탑승했던 버스 회사의 전화번호를 알아보면 돼요. 그 후 버스 회사에 전화해서 탔던 버스 번호, 시간, 하차 정류장을 알린 후 연락을 기다리는 방법이죠. 지하철일 경우 역무원에게 문의하거나 노선별 유실물센터로 연락해서 확인해 보면 됩니다. 택시의 경우 전국택시운송사업조합연합회 홈페이지를 통해 각 지역별 택시 유실물 관리처에 문의하거나 개인택시연합회에 문의하면 돼요.

조치를 취한 후에도 찾지 못했다면 경찰청 유실물 통합 포털 LOST112나 지하철 유실물 센터 홈페이지에서 알아볼 수도 있답니다. LOST112에는

길뿐만 아니라 다양한 장소에서 찾은 물건들이 등록되어 있어요.

그렇다면 물건을 주워 준 사람이 보상금을 요구할 때는 어떻게 해야 할까요? 『유실물법』에 따르면 물건 주인은 물건 가격의 5~20%까지 습득한 사람에게 사례금으로 지급할 의무가 있어요. 예를 들어 만 원짜리 물건을 돌려받았다면, 물건을 찾아 준 사람에게 5백 원에서 2천 원까지 보상하면 되지요.

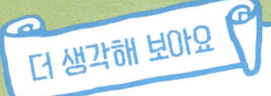

아이돌 교통 카드는 재산적 가치가 있을까?

충전된 금액을 모두 사용한 교통 카드를 길에서 주워도 죄가 될까요? 쓸모가 없으니 그냥 가져도 될 것 같다고요?

과거에 국민 참여 재판에서 이에 대한 특별한 판결이 나왔습니다. A 씨는 2019년 3월 서울 마포구 인근에서 가방과 지갑 등을 3차례 훔친 혐의와 길에서 인기 아이돌 교통 카드 5장을 주운 혐의로 재판에 넘겨졌어요. 5장의 교통 카드는 인기 아이돌 멤버 사진으로 디자인 되어 있었어요. A 씨는 가방 절도에 대해서는 인정했지만 교통 카드 소지에 대한 점유 이탈물 횡령에 대해서는 무죄를 주장했지요. 이미 충전된 금액을 다 쓴 교통 카드도 있었기 때문이었죠.

이 재판은 A 씨의 요청으로 국민 참여 재판으로 열렸어요. 이 재판에서는 A 씨가 길에서 주운 교통 카드 5장이 점유 이탈물에 해당하는지를 꼼꼼히 따졌어요. 재판 결과 배심원 7명 중 4명은 교통 카드에 소장 가치가 있다고 인정했어요. 재판부는 카드가 쓰레기통에 버려지지 않고 길거리에 놓여 있었던 점, 교통 카드 5장 가운데 3장은 잔액이 남아 있었다는 점, 또 해당 교통 카드에 아이돌 그룹 멤버의 사진이 담겨 소장 가치가 있다는 점을 들어 재산적 가치가 있다고 판결했습니다. 단순히 교통 카드의 용도를 넘어 희소 가치가 있어 웃돈을 주고 거래가 되기도 하는 아이돌 그룹 디자인 교통 카드. 결국 A 씨는 점유 이탈물에 해당하는 죄목도 유죄로 판결 받았습니다. 이처럼 사소해 보이는 물건일지라도 주인을 비롯한 다른 사람에게는 큰 의미가 있을 수 있다는 점, 잊어서는 안 되겠지요?

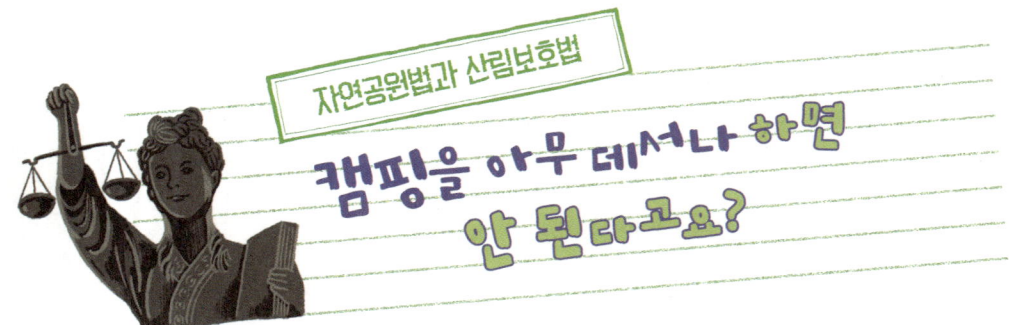

자연공원법과 산림보호법
캠핑을 아무 데서나 하면 안 된다고요?

"모두 출발할 준비됐지?"

"네!"

현수와 지윤이 그리고 엄마, 아빠는 캠핑을 하러 출발했어요.

목적지는 몇 달 전 인기 TV 프로그램에 나온 바닷가. 여러 연예인들이 텐트 치고 모닥불을 피우며 함께 놀던 모습이 너무 좋아 보였기 때문이었죠.

"얘들아. 도착했어. 어서 일어나!"

한참 후, 엄마가 뒷좌석에서 잠든 아이들을 깨웠어요.

"와! 진짜 하늘 해변이다!"

눈을 비비며 차에서 나온 현수가 크게 소리쳤어요. 소나무가 가득한 백사장은 TV에서 보던 것보다 훨씬 멋졌어요. 이날을 손

 꼽아 기다린 보람이 있었어요.
 "아빠랑 엄마가 텐트 치고 저녁 준비할 테니 너희들은 놀다 와. 고기 구워 먹자."
 "네, 아빠!"
 현수가 먼저 바다로 달려갔고 지윤이도 뒤따라갔어요. 시원한 바닷바람을 맞으며 모래사장을 달리는 기분이 너무 좋았죠.
 "얘들아! 고기 다 구웠어. 저녁 먹고 놀아!"
 때마침 엄마가 부르는 소리에 현수와 지윤이는 아까보다 더 빠른

속도로 방사림*으로 달려갔어요.

"우아! 진짜 맛있겠다!"

고기가 숯불 위 불판에서 먹음직스럽게 익어 가고 있었어요. 아빠가 잘 구운 고기를 집어 지윤이와 현수에게 나눠 주었어요.

"어서 먹어. 집에서 먹는 것보다 훨씬 맛있다."

"진짜 너무너무 맛있어요."

온 식구가 맛있게 고기를 먹는데, 갑자기 낯선 사람들이 다가왔어요.

"여기서 캠핑하시면 안 됩니다. 얼른 불 끄고 텐트도 치워 주세요."

"누구시죠?"

"저는 이 마을 이장입니다."

이장님은 얼른 모닥불을 끄라고 했어요.

"캠핑은 허가받은 장소에서 해야 합니다. 캠핑용 수도 시설과 화장실을 갖춘 곳에서 해야지 아무 곳에서나 하면 안 돼요."

낯선 사람들이 찾아와 하는 말을 듣고 가족들은 당황했어요.

"저희는 이곳 하늘 해변에서 캠핑하는 TV 프로그램을 보고 왔는데……. 여긴 바다도 방사림도 넓어서 캠핑해도 괜찮지 않나요?"

엄마가 애써 미소를 지으며 말했어요.

방사림 산이나 바닷가에서 비에 씻기거나 바람에 날리는 모래를 막기 위하여 이루어 놓은 숲.

"방송 때문에 특별히 캠핑을 허락한 것이고, 원래 이곳은 캠핑이 금지된 곳입니다."

뜻밖의 말에 현수네 식구는 놀라움과 실망감을 번갈아 느꼈어요. 잔뜩 준비한 캠핑용 음식과 장작, 장비까지 전혀 쓸 수 없다니 당황스러웠어요.

"저, 조심하면서 고기만 빨리 구워 먹고 가면 안 될까요? 가져온 음식도 너무 많고, 3시간이나 떨어진 곳에서 오느라 한 끼도 못 먹었거든요."

아빠가 이장님에게 부탁했어요.

"저희도 도와드리고 싶지만 불을 꺼 주셔야 됩니다."

하지만 이장님은 단호하게 거절했어요.

"저기 저 소나무 보세요. 지난번에 어떤 사람들이 몰래 캠핑하다 불꽃이 튀어 크게 불이 날 뻔했어요."

마을 이장님이 손가락으로 가리킨 곳을 보니 시커멓게 그을린 소나무 몇 그루가 보였어요.

"다행히 소방차가 금방 출동해 큰 피해가 없었지만 하마터면 나무들이 전부 타 버릴 뻔했죠."

가족들은 할 말을 잃었어요. 소나무와 주변의 덤불이 까맣게 그을려 있었기 때문이죠.

"엄마, 아빠. 그러면 우리 이제 집에 돌아가야 해요?"

지윤이가 울먹이며 엄마 품으로 파고들자 이장님이 난감한 듯

헛기침을 했어요.

"여기는 화재에 대비할 소화기 같은 안전장치가 없어서 만에 하나 사고가 나면 위험해요. 해변에서 노는 것은 괜찮으니 음식은 식당에서 먹는 게 어떻겠어요?"

멀리서 놀러 온 가족이 안타까운 나머지 주민들도 어떻게든 다른 방법을 찾아서 알려 주려고 했어요.

"지윤아, 어른들 말이 맞아. 나도 속상하지만 불에 탄 소나무를 보니까 아무래도 안 될 것 같아."

현수가 지윤이를 달랬어요.

"알겠습니다. 먹던 음식과 모닥불 정리하겠습니다."

가족들은 어쩔 수 없이 짐을 챙기기 시작했어요. 화재가 난 곳에서 캠핑을 계속 할 수는 없었으니까요.

"죄송합니다. 내년 이맘때쯤이면 정식 캠핑장으로 개장할 거예요. 그때 놀러와 이곳에서 캠핑을 즐겨 주세요."

주민들은 미안한 마음이 들었는지 다음에 놀러 오라고 말했어요.

아빠가 활활 타던 모닥불을 끄자 동네 주민들과 이장님이 자리를 떠났어요.

"난 아무 곳에서나 캠핑을 해도 되는 줄 알았는데."

"저도요."

엄마의 말에 지윤이가 시무룩하게 맞장구를 쳤어요.

아무 데서나 캠핑하면 불법일 수 있어요!

지윤이와 현수 남매는 부모님과 함께 TV에 나왔던 해수욕장으로 캠핑을 떠났어요. 도착해 맛있는 저녁을 먹고 있는데, 근처의 마을 주민과 이장님이 허가되지 않은 캠핑 구역이니 얼른 정리하라고 했지요. 지윤이와 현수 남매는 이 상황이 어리둥절했어요. 허가되지 않은 곳에서 캠핑을 하면 안 되는 이유는 무엇일까요? 캠핑을 하려면 어떤 점을 주의해야 할까요? 지금부터 함께 알아볼까요?

캠핑을 할 수 있는 곳이 따로 있다고요?

코로나19로 사람이 적은 곳을 찾아 떠나는 사람들이 늘었죠. 캠핑과 함께 차를 활용한 캠핑 형태인 차박 캠핑과 장작불을 보며 멍하게 휴식을 취하는 불멍을 즐기는 사람들도 많아요. 그런데 캠핑은 따로 마련된 야영장에서만 가능하다는 사실을 알고 있나요? 『자연공원법』, 『산림보호법』 등에 의하면 야영이 가능하다는 표시가 된 장소가 아닌 곳에서 하는 캠핑은 모두 불법이에요. 모든 자연공원(국립 공원, 도립·시립·군립 공

원 개울가, 방파제)뿐 아니라 사유지도 허가되지 않은 구역이라면 캠핑은 할 수 없어요.

과태료, 범칙금, 과징금의 차이점이 궁금해요

과태료	행정법상 질서 위반 행위에 대하여 부과되는 벌금으로, 형법의 성질을 가지지 않는 금전적인 벌입니다. 교통 법규를 위반한다거나 지정된 장소가 아닌 곳에서 캠핑을 하는 경우 등에 부과되지만, 형벌이 아니기에 전과 기록이 남지 않습니다.
범칙금	일상생활에서 흔히 일어나는 가벼운 범죄 행위에 부과되는 금전적인 벌입니다. 죄가 상대적으로 가벼워 형벌 및 형사 절차가 진행되지 않고 행정 제재로 부과합니다. 다만, 납부하지 않으면 형사 절차가 진행됩니다.
과징금	행정상의 의무를 위반하여 부당하게 이익을 챙겼거나 챙기려 한 경우 그 이익을 박탈하고 더 큰 불이익을 줌으로써 다시 같은 일이 발생하지 않도록 하기 위한 처벌이에요. 과태료와 크게 다르지 않지만 부당한 이익을 도로 거두는 것에 목적이 있습니다.

캠핑을 하면서 밥을 해 먹는 것도 안 된다고요?

휴양이나 훈련을 목적으로 야외에 천막(텐트 등)을 쳐 놓고 하는 생활을 '야영'이라고 부르고, 불을 이용해 끼니로 먹을 것을 만드는 일을 '취사'라고 불러요. 큰 범위 내에서 야영 안에 캠핑(차박)이 포함되지요. 앞서 캠핑은 허가된 구역에서만 가능하다고 했지요? 그런데 허가된 캠핑장이라고 해도 모두 취사가 가능한 건 아니에요. 바닷가나 하천, 산 등은 야외여서 불을 피워도 괜찮을 것 같지만 실수로 불씨가 번지면 큰불이 될 수 있기 때문에 취사를 할 수 있는 곳이 따로 정해져 있어요. 그러니 방문할 캠핑장이 취사가 가능한지 미리 알아봐야겠죠?

캠핑장은 어디에서 알아볼 수 있을까요?

야외 활동인 캠핑은 재미있는 만큼 위험 요소가 많기 때문에 정식 허가를 받은 등록 캠핑장을 이용하는 게 안전해요. 이런 곳은 화재 안전장치를 갖춘 것은 물론이고 야영장 책임 보험을 들고, 놀이 시설 설치 규정을 지키는 등 여러 가지 수칙을 잘 지키거든요. 비용 절약을 위해 규정을 위반하거나 절차를 무시하고 운영하는 무허가 캠핑장에서 사고를 당하면 피해 보상을 받기 힘들 뿐 아니라 생명을 위협하는 심각한 사고로 이어질 수 있습니다. 그러니 안전한 캠핑을 위해 사전에 캠핑장을 잘 알아봐야겠죠?

캠핑이 가능한 국립 공원은 국립공원공단에서 확인할 수 있어요. 도·군 국립 공원 캠핑 가능 구역은 해당 시·군·구에 문의하면 돼요. 정식으로 허가받은 전국의 캠핑장은 한국관광공사 고캠핑(https://www.gocamping.or.kr)을 통해서도 알아볼 수 있답니다.

#불법 행위로 망가지는 자연

국립공원공단의 『2021 국립공원 기본 통계』에 따르면 2016년부터 2020년까지 최근 5년간 전국 22개의 국립공원에서 발생한 불법 행위 단속 건수는 총 13,000여 건에 달해요. 한 해 평균 2,700여 건의 불법 행위가 발생한 셈이지요.

사람들이 위반한 사항도 매우 여러 가지입니다. 해당 기간 동안 통제된 탐방로 출입 위반이 가장 많았어요. 또한 불법 취사 행위, 흡연 행위와 인화 물질 반입 등을 포함한 산불 관련 위반 행위도 끊이지 않아요. 무단 주차, 야영 행위 또한 점점 증가하고 있죠.

최근 캠핑족들이 늘어나면서 문제가 더욱 커졌어요. 강원도 평창군 선자령은 '백패킹의 성지'로 불리지만, 이곳에서 백패킹을 하는 것은 엄연히 불법입니다. 선자령 정상에는 취사와 캠핑 금지를 알리는 안내문이 세워져 있지만 일부 백패커들은 이를 무시하고 백패킹을 강행한다고 해요. 특히나 선자령은 바람이 거세서 인명 사고가 일어날 수 있기 때문에 주의가 필요합니다.

차박의 성지로 불렸던 강원도 평창군의 청옥산 육백마지기 또한 알려진 것과 다르게 차박이 금지된 구역이에요. 평창군은 무분별한 이용으로 상수원이 오염되어 청옥산 육백마지기 내의 모든 취사와 야영을 금지했어요. 그러나 단속 인력이 부족하기 때문에 여전히 몰래 캠핑과 차박을 하는 사람들이 많지요. 캠핑을 즐기기 전, 아름다운 자연을 보존할 수 있는 방법이 무엇인지 고민해 봐야 하지 않을까요?

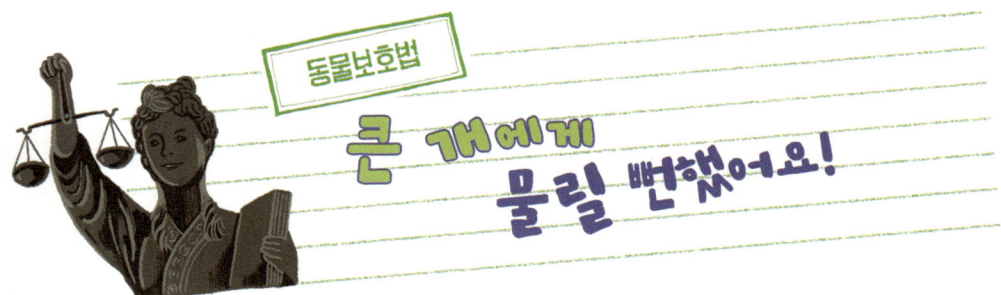

동물보호법
큰 개에게 물릴 뻔했어요!

　수업을 마치고 책을 넣는데, 유리의 책가방에서 캔으로 만든 고양이 사료가 바닥으로 떨어졌어요. 동그란 캔은 도르르 굴러가다 유리의 짝꿍인 기준이 발에 툭 부딪혔어요.
　"학교에 고양이 사료를 왜 가져왔어?"
　기준이가 캔을 집어 들고 물었어요.
　"그냥……."
　유리는 캔을 빼앗아 들고 교실 밖으로 나갔어요.
　"설마 학원 가기 전에 간식으로 먹을 거야?"
　호기심이 생긴 기준이는 유리 뒤를 따라왔어요.
　"야, 너 학원 안 가? 나 지금 바쁘니까 따라오지 마."
　유리는 기준이의 말을 못 들은 체하고 얼른 교문을 나서 골목

길로 들어섰어요.

그동안 유리는 길에서 우연히 만난 고양이에게 아무도 모르게 사료를 가져다주었어요. 오늘은 장난꾸러기 기준이가 따라와 어쩐지 불편했지요.

"야옹."

골목에 들어서자마자 작은 고양이가 유리에게 살그머니 다가왔어요.

"냥냥아!"

고양이는 기다렸다는 듯 유리의 주위를 맴돌았어요. 유리가 사료를 건네자 고양이는 배가 고팠는지 허겁지겁 먹었어요.

"냥냥이? 네가 키우는 고양이야?"

뒤따라온 기준이는 고양이가 귀여운지 가까이 다가왔어요.

"아니. 이 골목에 사는 아기 고양이야. 엄마도 없고 너무 불쌍해서 내가 조금씩 먹이를 가져다주고 있어."

유리는 작은 고양이를 살살 쓰다듬었어요.

"어? 이 고양이, 꼬리가 없네?"

지저분한 고양이를 지켜보던 기준이는 깜짝 놀랐어요. 아기 고양이의 꼬리가 잘린 것처럼 뭉툭했기 때문이죠.

"응. 누군가 냥냥이를 괴롭히고 버렸나 봐."

유리는 울먹거리며 고양이의 머리를 쓰다듬었어요. 그러고 보니 귀는 물론이고 고양이 몸 이곳저곳에 상처가 보였어요.

"귀도 짝짝이야. 많이 다쳤구나……."

찬찬히 고양이를 살피던 기준이가 중얼거렸어요. 어느새 유리의 눈에는 눈물이 글썽거렸어요.

"정말 끔찍해. 대체 누가 이렇게 귀여운 고양이를 괴롭히고 버렸을까?"

이제 기준이도 유리 옆에 주저앉아 사료를 먹는 고양이를 안쓰럽게 지켜봤어요.

"나도 몰라. 정말 나쁜 사람 같아."

그때였어요.

"우르르, 왈!"

갑자기 개 짖는 소리가 작은 골목길에 퍼졌어요. 무섭게 짖어 대는 개가 아기 고양이에게 달려들었어요.

"컹컹! 왈왈!"

검고 큰 개는 날카로운 송곳니를 드러내고 마구 짖었어요.

"으악, 무서워!"

큰 개 때문에 유리가 놀라 엉덩방아를 찧었어요.

"맥스, 거기 서!"

뒤늦게 달려온 아저씨가 명령하자 마구 뛰어오던 개가 그 자리에 멈췄어요. 헐레벌떡 달려온 아저씨는 뒤늦게 바닥에 떨어진 개 목줄을 쥐고 뒤로 잡아당겼어요. 맥스라고 불린 개는 멈춰 섰지만 여전히 고양이를 향해 으르렁거렸어요. 그 바람에 아기 고양이는 어딘가로 도망가 버렸어요.

"유리야, 괜찮아?"

기준이는 넘어진 유리를 일으켜 세웠어요. 아저씨도 유리를 부축하며 괜찮냐고 물었지요.

"허리가 조금 아파요."

유리가 찡그린 얼굴로 바닥에서 일어났어요.

"미안하다. 맥스가 갑자기 뛰어가는 바람에 내가 목줄을 놓쳤어."

"왈왈!"

"조용히 해!"

아저씨가 큰소리로 검은 개에게 화를 냈어요.

"네 고양이니? 맥스 때문에 놀라서 도망간 거야?"

아저씨는 목을 빼고 고양이가 사라진 골목길을 쳐다보았어요.

"제가 키우는 건 아니고 이 골목길에 사는 길고양이예요."

"혹시 나 때문에 고양이를 잃어버렸나 걱정했다."

아저씨는 안심한 듯 한숨을 쉬었어요.

"아저씨, 제 친구가 개 때문에 다칠 뻔했잖아요! 이렇게 크고 무섭게 짖는 개를 그냥 두면 어떡해요!"

옆에서 지켜보던 기준이가 큰소리로 따졌어요.

"미안하다. 일부러 줄을 놓은 것은 아니야."
"목줄도 목줄이지만 입마개를 풀어 주면 어떡해요. 잠깐이어도 그러면 안 되죠."
화가 난 기준이는 아직도 으르렁거리는 개를 쏘아보며 말했어요.
"맥스가 답답해하는 것 같아서 잠깐 입마개를 풀었는데……."
유리는 아픈 허리보다 놀라서 도망간 고양이가 더 걱정되어 주변을 살폈어요. 아기 고양이는 보이지 않았어요.

반려동물을 키울 때도 법을 지켜야 해요!

유리는 입마개를 푼 맹견을 보고 놀라 바닥에 엉덩방아를 찧고 맙니다. 반려견이 답답해서 입마개를 잠깐 풀어 줬던 아저씨는 유리에게 사과했지만, 유리와 함께 있던 기준이는 아저씨가 반려동물을 관리할 의무를 지키지 않았다고 따졌는데요. 반려동물을 키우는 사람이 증가하면서, 이와 관련한 분쟁도 늘고 있어요! 반려동물과 관련된 법과 의무를 함께 알아볼까요?

길에서 짖는 개를 만나서 놀란 기억이 있나요?

요즘 주변에서 반려동물과 함께하는 사람들을 어렵지 않게 만날 수 있죠. 농촌경제연구원의 2021년 자료에 따르면 국내 반려동물 시장은 2015년에 비해 약 두 배 정도 증가했어요. 현재 반려동물을 집에서 키우는 인구수는 1,000만 명 이상으로 추정됩니다.

다양한 종류의 반려견 중 '맹견'은 몹시 사납고 공격성이 강한 개예요. 도사견, 핏불테리어, 로트바일러 등 5종의 개와 그 개들의 잡종견을 맹견이라고 하죠. 맹견을 키우려면 견주는 책임 보험에 의무적으로 가입해야 하고, 반드시 의무 교육과 정기 교육을 받아야 해요. 또 견주 없이 맹견이 홀로 돌아다니게 해서는 안 되고, 외출 시에는 꼭 목줄과 입마개 등 안전장치를 해야 하지요. 또한 맹견을 데리고 어린이집이나 유치원, 초등학교에 출입할 수 없어요. 만약 맹견 소유자가 교육 등을 받지 않거나 목줄 등의 안전장치를 하지 않으면 과태료를 냅니다. 맹견은 사냥 본능이 강해 사고를 일으키기 쉽기 때문에 맹견을 키우는 견주에게 큰 책임이 따르지요.

2개월령 이상의 반려견은 꼭 등록을 해야 해요!

우리나라의 『동물보호법』은 생후 2개월 이상의 개를 사거나 입양할 때에는 '동물보호관리시스템'에 의무적으로 등록하도록 하고 있어요. 만약 반려견을 등록하지 않은 경우 100만 원 이하의 과태료가 부과될 수 있지요.

『동물보호법』
2008년부터 시행된 법으로 동물 학대를 막고 동물 복지를 향상하기 위해 만든 법이에요.

생후 2개월령 이상의 반려견과 함께 산책할 때는 2m 이내의 목줄과 식별 장치 그리고 소유자 연락처 등이 기재된 인식표를 꼭 해야 해요. 이런 의무 사항은 반려동물뿐 아니라 다른 사람의 안전을 위해 주의해서 지켜야 합니다.

식별 장치 반려동물의 등록 정보를 담은 마이크로칩(RFID)을 뜻함. 반려동물의 몸속에 심는 쌀알 크기의 내장형 식별 장치와, 몸에 달고 다닐 수 있도록 만들어진 외장형 식별 장치가 있음.

반려동물이 다른 사람에게 해를 입히면 어떻게 될까요?

　소방청 집계에 따르면 2017년부터 2021년까지 해마다 개에게 물리는 사고가 2,000건 이상 발생했답니다. 하루 평균 6명이 개에 물려 사고를 당했지요. 이런 개 물림 사고가 빈번히 발생하면서 반려동물, 특히 맹견에 대한 안전장치의 필요성이 점점 커져 법으로도 여러 안전 조치가 의무화가 되었죠.

　그런데 만약 반려동물이 다른 사람에게 상처를 입히면 어떻게 될까요? 이럴 경우『동물보호법』에 의해 반려동물 주인이 처벌을 받아요. 2년 이하의 징역 또는 2천만 원 이하의 벌금에 처하도록 규정되어 있고, 만약 피해자가 사망한 경우에는 3년 이하의 징역 또는 3천만 원 이하의 벌금에 처하게 됩니다. 특히 목줄 등의 안전 조치를 하지 않은 반려동물이 다른 사람을 다치게 할 경우에는 형벌이 더 무거우니 항상 주의를 기울여야 해요.

동물을 괴롭히거나 유기하면 처벌을 받아요!

　2021년 2월, 동물을 학대하거나 유기하는 행위를 강력하게 처벌하도록 『동물보호법』이 개정되었어요. 이전까지는 동물을 학대하는 행위에 대해 행정상의 제재로서 전과 기록이 남지 않는 과태료를 물게 했지만, 개정된『동물보호법』에 따라 전과 기록이 남는 벌금을 부과하거나 심한 경우 징역에까지 처하도록 바뀌었지요. 반려동물을 유기하면 300만 원 이하의 벌금을 물어야 해요. 또한 동물을 학대하는 사람은 2년 이하의 징역 또는 2,000만 원 이하의 벌금에 처하고, 직접 학대해 죽음에 이르게 하면 3년 이하의 징역 또는 3,000만 원 이하의 벌금을 내도록 법이 개정되었지요. 학대 장면을 촬영한 사진 또는 영상물을 판매하거나 인터넷에 게재하는 행위 역시 300만 원 이하의 벌금에 처하게 된답니다. 다른 사람에게 괴롭힘을 받거나 유기된 동물을 발견한다면 즉시 경찰서나 가까운 동물보호센터에 신고해야 해요!

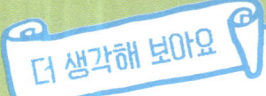

우리나라에 사는 반려동물의 권리와 보호

예전에는 우리나라 법 체계에서 동물은 사람이나 생명체가 아닌 물건으로 다루었어요. 그런데 최근 법무부는 동물을 '물건'이 아닌 '생명'으로 규정하도록 법을 개정한다고 밝혔어요. 또한 통계청은 「2020년 인구 주택 총조사」에서 처음으로 반려동물을 조사 항목에 추가해 정확한 자료를 토대로 반려동물의 보호 및 복지 정책을 세우는 데 활용하고 있지요. 이처럼 반려동물에 대한 권리와 보호에 관련된 법과 정책들이 늘어가고 있습니다.

위에서 말했듯 반려동물이 '물건'으로 규정되어서 법적으로 반려동물을 떠나보낼 때 『폐기물관리법』에 따라 종량제 쓰레기봉투에 버려야 했고, 지

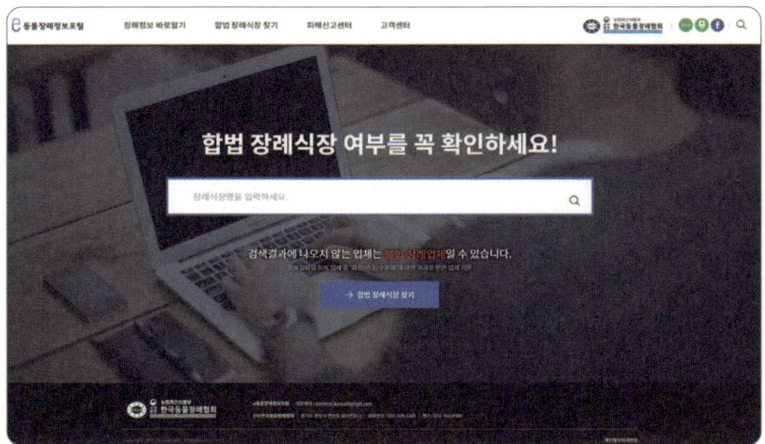

e 동물 장례 정보 포털 홈페이지 https://eanimal.kr

정되지 않은 장소에 반려동물을 묻는 것은 엄연히 불법이었어요. 그러나 최근 반려동물에 대한 권리와 보호에 대한 법이 개정되고, 정책이 늘어나며 반려동물의 죽음에 대한 장례 문화도 점점 자리를 잡았어요. 'e 동물 장례 정보 포털(https://eanimal.kr)'에서는 합법적인 반려동물 장례식장의 정보와 함께 장례 절차가 나와 있어요. 또한 동물 등록·말소에 대한 절차도 설명되어 있죠.

반려동물을 기르는 인구수의 증가에 비해 아직도 사람들에게 반려동물의 삶과 죽음에 대한 인식이 많이 부족하지만, 관련 법 개정과 함께 제도가 좀 더 체계적으로 마련된다면 동물의 권리와 보호에 대한 사람들의 인식 또한 바뀔 수 있을 거예요. 그러기 위해선 우리 모두가 생명을 존중하는 마음과 태도를 가져야겠죠?

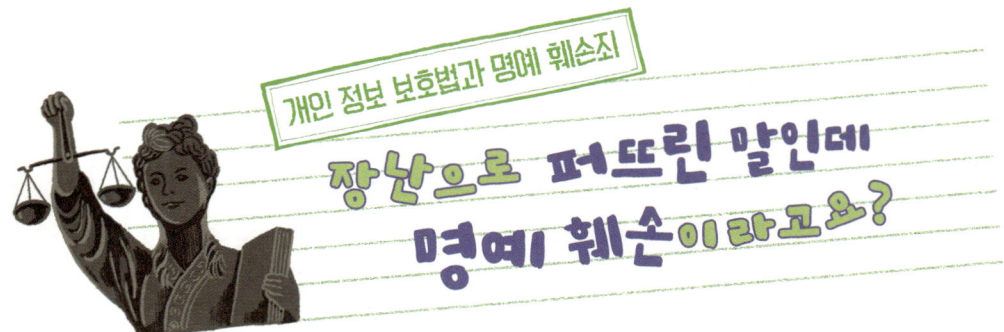

개인 정보 보호법과 명예 훼손죄
장난으로 퍼뜨린 말인데 명예 훼손이라고요?

　무더운 여름날이에요. 윤지가 학교에 도착하자마자 친구들이 다가왔어요. 어젯밤부터 이상한 소문이 메신저를 통해 퍼졌기 때문이었어요.
　"윤지야, 너 민성이랑 사귀느라 성적 떨어진 거라며?"
　"내가 민성이랑 사귀다니, 무슨 소리야?"
　윤지는 책상에 가방을 내려놓으며 친구들에게 되물었어요.
　"학교에 소문 쫙 퍼졌어. 어제 너랑 민성이, 집에 같이 갔다며? 민성이랑 노느라 시험 공부 못 한 거 아냐?"
　얼토당토않은 친구의 말에 윤지가 얼굴을 찡그렸어요.
　"누가 그런 헛소문을 퍼뜨렸어?"
　민성이의 엄마와 윤지의 엄마는 대학교 동창이라 매우 친했어요. 가끔씩 서로의 집에 엄마를 찾으러 가긴 했지만 둘은 별로 친하지 않았어요. 어제저녁에도 민성이가 엄마를 찾으러 윤지의 집에 들렀다가 엄마와 함께 곧바로 집으로 돌아갔어요.

"둘이 사귀는 거 아닌가 봐……."

친구들은 윤지의 눈치를 살폈어요.

"누가 이런 말도 안 되는 소리를 했니?"

안 그래도 요즘 성적이 떨어져 속상한데 이런 오해까지 받으니 윤지는 더욱 화가 났어요. 그래서 헛소문을 퍼뜨린 사람을 꼭 찾고 싶었어요.

"난 지율이한테 들었어. 그리고 지율이는 현수에게 들었다고 했는데……."

한 친구가 머뭇거리며 말했어요.

소문이 여기저기에 퍼졌는지 친구들은 각자 다른 친구의 이름을 이야기했어요.

윤지는 팔까지 걷어붙이고 소문을 추적했어요. 아이들은 눈을 부릅뜬 윤지의 모습에 놀랐죠. 그렇게 추적 끝에 여러 사람에게서 한 친구의 이름을 듣게 되었어요.

"재원이야. 어제 재원이한테 들었다고 친구가 그랬어. 3반 윤지랑 4반 민성이랑 사귄다고 했대."

윤지는 축구 연습을 하고 있는 같은 반 재원이를 찾으러 운동장으로 나갔어요.

재원이는 축구하는 아이들과 함께 공을 따라 이리저리 달리고 있었어요.

"오재원! 너 맞지? 나랑 민성이가 사귄다고 한 사람!"

윤지는 씩씩거리며 재원이에게 다가갔어요.

재원이는 소리가 나는 쪽을 한 번 보고는 다시 축구공으로 눈을 돌렸어요.

"야! 너 왜 헛소문 퍼뜨려?"

윤지는 얼굴을 잔뜩 찌푸리고는 막 뛰어가려는 재원이의 팔을 붙잡았어요.

"내가 민성이랑 사귀느라 성적 떨어졌다고 이야기하고 다닌 사람이 너 맞지?"

윤지가 따져도 재원이는 귀찮다는 표정만 지었어요.

"네가 퍼뜨린 말 때문에 내가 얼마나 괴로운 줄 알아?"

"너희가 사귀니까 사귄다고 한 거야. 내가 어제저녁에 너랑 민성이가 너희 집으로 들어가는 거 똑똑히 봤어."

재원이는 미안해하기는커녕 당당한 목소리로 말했어요.

"지난주에도 그 시간에 둘이 같이 있었잖아. 그리고 난 그것 때문에 성적 떨어졌다고 말한 적 없어. 네가 민성이랑 사귄다고 했을 뿐이라고."

재원이는 윤지가 잡은 팔을 뿌리치며 심드렁하게 대답했어요.

당연한 사실을 말하는 듯 태연한 재원이 때문에 윤지는 기가 막혔어요.

"민성이랑 사귀어서 성적 떨어졌다는 말도 안 되는 소리가 쫙 퍼져서 내가 얼마나 억울한지 알아? 당장 나한테 사과해!"

윤지의 목소리가 점점 높아졌어요.

"학교에 소문이 퍼졌다고?"

윤지의 말을 듣고 재원이도 흠칫 놀랐어요.

"아침부터 애들이 찾아와서 사실이냐고 계속 물었단 말이야."

재원이도 깜짝 놀랐어요. 재원이는 현수에게만 이 이야기를 했거든요. 그 말 한마디 때문에 학교 전체에 소문이 퍼질 거라고는 상상하지 못했죠.

"야, 장난이었어. 애들도 그렇게 생각할 거야. 너무 심하게 화내지 마."

"장난? 장난이면 내가 오해를 받아도 괜찮다고 생각해?"

너무 억울한 나머지 윤지의 눈이 빨개졌어요.

"그리고 민성이랑 내가 사귀는 게 진짜였어도 그것 때문에 성적이 떨어진 건 아닐 수 있잖아. 만약 그게 사실이어도 애들한테 말하고 다니면 안 되는 거고."

윤지는 속상한 마음에 눈물이 났어요.

"울지 마…… 미안해."

재원이는 어쩔 줄 몰라 하다가 울고 있는 윤지에게 사과했어요.

"너는 확실히 알아보지도 않고 사실인 것처럼 얘기하고 다니면 어떡해!"

재원이가 윤지를 달래며 말했어요.

"내가 친구들에게 너랑 민성이가 사귀지 않는다고 다시 말할게. 그러면 괜찮지 않을까?"

윤지는 너무 속상한 나머지, 대답도 하지 못하고 계속해서 울었어요.

윤지가 울자 축구하던 친구들이 주변으로 모여들었어요. 재원이는 땀을 뻘뻘 흘리며 친구들에게 상황을 설명했어요.

명예 훼손이란 무엇일까요?

윤지는 친구들 사이에 민성이와 사귀어 성적이 떨어졌다는 헛소문이 퍼져 무척 당황스러웠어요. 윤지는 수소문 끝에 재원이가 그 소문을 처음 퍼트린 사람이란 걸 알게 됐어요. 재원이는 본대로 얘기했을 뿐 거짓말은 하지 않았다고 했어요. 이런 재원이의 행동은 자칫하면 명예 훼손죄로 이어질 수 있는 행동이에요. 명예 훼손이란 무엇일까요? 조금 더 자세히 알아보도록 해요!

다른 사람에 관한 사실이나 허위 사실을 말하면 명예 훼손죄라고요?

명예 훼손이란 공공연하게 특정한 다른 사람의 사회적 평가를 떨어뜨리는 사실을 지적하는 것을 말해요. 진실한 사실뿐 아니라 허위 사실을 적시해 비방할 경우도 명예 훼손죄를 물을 수 있어요. 예를 들어 공개된 장소나 온라인 게시판에 특정한 대상에 대해 상대가 직접 밝히지 않은 병력, 가정사 등에 대해 진실한 사실 또는 허위 사실을 말한다면 다른 사람의 명예를 훼손시킨 경우라고 보는 것이죠.

명예 훼손은 『형법』에 따라 처벌해요. 다른 사람에 대해 구체적인 사실을 이야기해 명예를 훼손할 경우 징역을 살거나 벌금을 물도록 정하고 있어요. 특히 인터넷(정보통신망)에서 상대방을 비방할 목적으로 공공연하게 사실을 말해 명예를 훼손할

『정보통신망 이용 촉진 및 정보 보호 등에 관한 법률』 인터넷(정보통신망 등)의 이용을 돕고 서비스를 이용하는 사람을 보호하는 법이에요.

공공연하게 숨김이나 거리낌이 없이 그대로 드러나 있다.

때에는 『정보통신망 이용 촉진 및 정보 보호 등에 관한 법률』로 조금 더 무거운 벌을 받게 돼요.

법률에서 말하는 사실, 적시, 비방의 차이점이 궁금해요

사실	구체적·객관적으로 진실 여부를 판단할 수 있는 진술을 의미해요. 장래의 사건은 사실에 포함되지 않아요.
적시	명예를 훼손할 수 있는, 즉 사회적 평가를 떨어뜨릴 수 있는 사실을 다른 사람이 알 수 있도록 표시·주장·발설·전달하는 모든 행위를 의미해요.
비방	다른 사람을 헐뜯어서 해를 가하는 행위를 말해요.

모욕죄는 명예 훼손죄와 어떻게 다를까요?

모욕죄란 공공연하게 특정한 사람에게 모욕감을 느끼는 말이나 행동을 하는 범죄예요. 모욕죄는 명예 훼손죄처럼 모욕을 당한 사람의 사회적 평가를 떨어뜨릴 만한 말이나 행동이 발생해야 성립하죠.

모욕죄와 명예 훼손죄는 얼핏 보면 비슷해 보여요. 우선 『형법』으로 상황과 상대방과의 관계를 따진다는 공통점이 있죠. 그렇다면 둘의 차이점은 무엇일까요? 가장 중요한 차이점은 구체적 사실이냐 아니냐예요. 단순히 욕설이나 비하를 하여 상대의 사회적 평가를 떨어뜨린다면 모욕죄, 구체적 사실 또는 거짓을 공공연하게 말하면 명예 훼손죄가 성립해요. 모욕죄는 '친고죄'로 피해자의 고소가 없으면 처벌할 수 없지만, 명예 훼손죄는 '반의사불벌죄'로서 최초 고소 없이도 수사·처벌은 가능하나 수사나 재판이 진행 중이라도 피해자가 처벌을 원치 않는다는 의사를 밝히면 처벌을 할 수 없어요.

친구와 단둘이 메신저로 이야기한 것도 문제가 될까요?

여러 명이 보는 게시판이나 SNS가 아닌 메신저를 통해 일대일 대화에서 다른 사람을 비방해도 명예 훼손죄가 성립할까요? 앞서 다른 사람에 관한 사실이나 허위 사실 등을 공공연하게 말하는 경우 명예 훼손죄가 성립할 수 있다고 했던 것, 기억하죠? 일대일 대화에서 한 이야기도 상대방이 다른 사람에게 퍼뜨릴 수 있기 때문에 공연성*이 성립한다고 볼 수 있어요. 그래서 명예 훼손죄가 성립될 가능성이 있지요.

그렇다면 모두가 볼 수 있는 곳에 부정적인 글이나 댓글을 남기는 것은 명

예 훼손죄에 해당할까요? 만약 물건이나 음식을 사고 게시판에 후기를 남기는 상황이라면, 무조건적인 비방의 목적이 아니라 장점과 단점 등을 들어 의견을 적는 것은 명예 훼손죄가 아니에요. 그러나 비방의 목적을 가지고 거짓이나 과도한 욕설을 포함한 글이나 댓글을 남기면 명예 훼손으로 처벌받을 수 있어요.

명예 훼손죄는 일상이든 인터넷상이든 곳곳에서 일어날 수 있어요. 그렇기

공연성 법적으로 다른 사람에게 퍼질 수 있으며, 이에 따라 여러 명이 명예 훼손(모욕 등)을 당하는 사람이 누구인지 알 수 있을 때 공연성이 성립한다고 말함.

때문에 친구와 만나서 이야기할 때도, 메신저로 대화할 때도, 인터넷상에 글과 댓글을 쓸 때도 한 번 더 생각하는 것이 좋겠지요?

누군가 인터넷에 나에 대한 허위 사실을 올리거나 악성 댓글을 단다면?

인터넷에서 누군가가 나에 대한 사실 또는 허위 사실에 대해 구체적으로 이야기하는 글을 적었다면 어떻게 대처해야 할까요? 『정보통신망 이용 촉진 및 정보 보호 등에 관한 법률』에 따르면 "제공된 정보로 사생활 침해나 명예 훼손 피해를 받은 자가 해당 정보의 삭제 등을 요청한 경우 삭제·접근 중단 등의 임시 조치 등의 필요한 조치를 하고 즉시 신청인 및 정보 게재자에게 알려야 한다"고 규정하고 있어요. 즉, 정보통신 서비스 제공자(온라인 플랫폼 사업자)에게 사실을 알려 악성 댓글을 삭제하거나 임시적으로 다른 사람들이 볼 수 없도록 조치해 달라고 요청할 수 있지요. 이외에도 인터넷에서 명예 훼손과 관련된 게시글로 권리를 침해당했다면 방송통신심의위원회(국번 없이 1377), 방송통신심의위원회 권익보호국(http://remedy.kocsc.or.kr)에 명예 훼손과 관련된 상담과 구제 조정 등을 신청하고 조회할 수 있어요.

표현의 자유 VS 명예 훼손

학교 폭력 피해 학생이 메신저 프로필에 자신이 당한 일을 올렸다가 명예 훼손 논란에 휩싸였던 일이 있었어요.

『형법』에 따르면 사실이라고 해도 다른 사람의 명예를 훼손하는 내용을 퍼트리면 처벌을 받을 수 있어요. 이를 '사실 적시 명예 훼손죄'라고 부른답니다. 진실을 말해도 당사자인 가해자가 원치 않는 사실을 공개하면 명예 훼손죄로 처벌받을 수 있지요. 특히 학교 폭력이나 성폭력으로 피해를 입은 피해자들은 혹시라도 명예 훼손죄로 고소당할까 봐 두려워하기도 하죠. 실제로 이 때문에 선뜻 피해 사실을 공개하지 못하는 사람들도 있답니다.

사실 적시 명예 훼손과 관련된 『헌법』의 조항이 피해자를 침묵하게 하는 '2차 가해'라는 논란은 꾸준히 이어졌어요. 현재 '사실 적시 명예 훼손죄'는 가해자에게 지나치게 유리하게 적용되기에 관련 조항을 수정하거나 없애야 한다는 사회적인 목소리가 높아지고 있어요. 2018년 청와대에 이 법안을 폐지해 달라는 청원이 올라왔으며, 이 법조항이 『헌법』에 반한다는 취지로 헌법 소원*이 적극적으로 제기되고 있는 중입니다.

독일, 스위스 등 여러 국가에서는 진실된 사실을 공개하면 명예 훼손으로 처벌하지 않아요. 자칫 피해자가 가해자가 되는 일을 막고, 피해를 편하게 털어놓게 하려는 뜻이죠. 허위 사실을 유포하여 무분별하게 다른 사람을 괴롭히는 일은 분명히 명예 훼손이지만, 헌법에 명시된 표현의 자유를 막을 수 있는 '사실 적시 명예 훼손'도 명예 훼손일까요? 이 논란은 당분간 이어질 것으로 예상됩니다.

헌법 소원 법률 및 기타 공권력에 의하여 헌법상 보장된 국민의 기본권을 침해받은 사람이 직접 헌법 재판소에 구제를 청구하는 일.

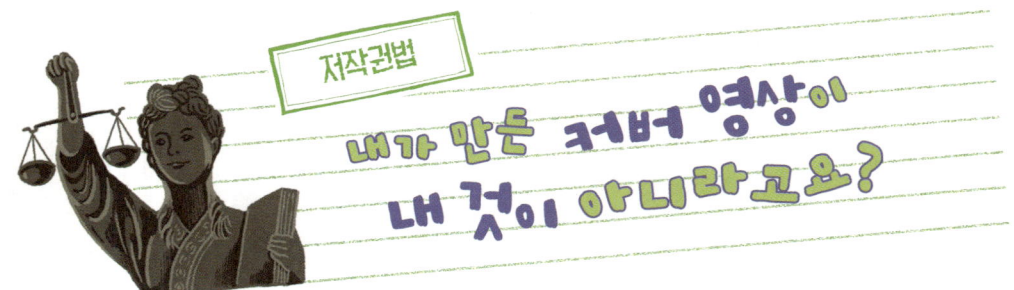

저작권법
내가 만든 커버 영상이 내 것이 아니라고요?

"예지야, 네가 유튜브에 올린 영상 잘 봤어."

서준이는 교실에 들어오는 예지에게 엄지손가락을 척 하고 들어 보였어요.

예지는 아이돌만큼 노래를 잘 부르는 유튜버예요. 얼마 전 유튜브 채널을 개설해서 구독자가 많지는 않지만, 꾸준하게 영상을 올리니 조금씩 구독자가 늘고 있어요. 예지는 일주일에 한 번 새 영상을 올려요. 주로 오래된 팝송을 커버한 영상이지요. 요즘은 유명 아이돌의 노래를 따라 부르는 영상도 제작해 올리고 있어요.

"서준아, 영상 벌써 봤어?"

"응, 너 매주 영상 꼭 올리잖아. 저번에 올렸던 노래보다 더 신나고 좋던데?"

"고마워. 영상 편집하는 데 저번보다 더 오래 걸렸어. 신경 많이 썼거든."

"어쩐지, 저번보다 더 보기 좋더라. 근데 영상 앞에 광고 붙었더라. 건너뛰기 귀찮게."

"광고?"

"어제 영상 확인하고 오늘 아침에 학교 오기 전에 또 한 번 봤는데 시작 전에 광고가 나오던데? 내가 좋아하는 치킨 브랜드 광고라서 분명히 기억해."

서준이는 스마트폰으로 예지의 유튜브 계정에 접속해 영상을 눌렀어요.

"거봐, 광고 붙었지?"

"어, 어떻게 된 일이지?"

예지는 자신이 넣지도 않은 광고가 갑자기 생겨 고개를 갸웃거렸어요.

"너 인기 좀 끈다고 광고 붙여서 돈 벌려는 거지?"

저쪽에서 진영이가 다가오며 입술을 삐죽거렸어요. 같은 반 친구 진영이는 예지가 유튜버가 된 뒤로 변했다고 생각해 예지를 뾰로통하게 대했어요.

"아니야. 나 유튜브 광고 수익 설정 안 해 놨어."

"네가 아니면 누가 영상에 광고를 넣었다는 거야?"

진영이가 눈을 흘기며 대답했어요.

"내가 한 거 아닌데……."

예지는 의아한 표정으로 스마트폰을 켜 영상을 확인했어요. 서준이도 함께 예지가 올렸던 동영상을 차례대로 확인했어요.

"뭐야, 최근에 올렸던 영상들 앞에 전부 광고가 붙네?"

예지는 눈살을 찌푸리며 영상을 하나하나 눌러 봤어요.

옆에 있던 서준이는 스마트폰으로 관련 내용을 검색해 봤어요.

"찾아보니까 네가 커버한 아이돌 노래가 저작권이 있어서 광고가 붙는다는데?"

"저작권? 저작권이 뭐야?"

예지가 귀를 쫑긋 세우고 물었어요.

"나도 잘은 몰라. 사용한 음악을 만든 사람과 부른 가수에게 수익이 돌아가도록 자동으로 광고가 삽입된 거래. 유튜브의 인공 지능 기술을 이용한 거라는데?"

"내가 만든 영상인데 다른 사람한테 수익이 돌아간다고?"

서준이의 대답에 예지는 깜짝 놀란 듯 큰소리로 대답했어요.

"노래는 네가 만든 게 아니니까 사용했으면 사용료를 내야 돼. 그게 저작권이고. 넌 유튜버면서 저작권도 모르니?"

진영이가 저작권에 대해 알은체하며 말했어요.

"편집부터 촬영까지 내가 다 했는데 누구에게 수익을 나눠 줘야 한다는 거야?"

예지는 진영이에게 되물었어요.

"영상을 네가 찍고 편집했어도, 원래 노래는 누군가가 가사를 쓰고 멜로디를 만들었잖아."

유명 아이돌 가수의 팬인 진영이는 팬 카페에서 들은 이야기를 친구들에게 전했어요.

"처음 노래를 부른 가수 그리고 작사가와 작곡가에게 저작권이 있는 거야. 그걸 허락받지 않고 사용하면『저작권법』을 위반한 거지."

"그럼 사용료를 내면 되잖아."

서준이는 진영이의 설명을 듣고 단번에 이해했다는 듯 자신 있게 말했어요.

"그렇지, 사용료를 지불하면 되지."

"아, 무슨 말인지 도대체 모르겠어."

예지는 저작권 설명에 머릿속이 복잡해졌어요. 유튜브에 대해 나름대로 공부하고 준비했다고 생각했는데 말이죠.

"자! 여러분, 수업 시작하니 자리에 앉으세요!"

담임 선생님의 말에 예지와 서준이 그리고 진영이는 각자의 자리로 흩어져 앉았어요.

예지는 수업 시간 내내 집중하지 못하고 집으로 돌아갈 시간만 기다렸어요. 저작권이라는 단어를 들어 봤지만 뜻을 정확히 알지는 못했었거든요. 얼른 집으로 돌아가서 저작권에 대해 알아보고 싶었어요. 그리고 아이돌의 노래를 부르면 광고가 저절로 붙는다는 진영이의 말이 무슨 뜻인지, 내가 만든 영상인데 왜 다른 사람에게 이익이 돌아가는지도 정확히 알고 싶었어요.

아이돌과 저작권의 상관관계는 무엇일까요?

예지는 아이돌 노래를 따라 부른 커버 영상을 직접 촬영하고 편집해서 유튜브에 올렸어요. 그런데 설정하지 않은 광고가 뜨는 바람에 어리둥절했죠. 진영이는 영상에 나오는 아이돌 노래의 저작권료를 내야 하기 때문에 광고가 자동으로 들어간다고 말했어요. 그런데 저작권이란 무엇일까요? 아이돌 노래와 예지가 만든 영상의 저작권은 각각 누구에게 있을까요? 저작권에 대해 조금 더 자세히 살펴보아요!

『저작권법』
저작자의 권리와 이에 인접하는 권리를 보호하고 저작물을 공정하게 이용하기 위해 정한 법률이에요.

저작 재산권
작곡가가 작곡한 음악을 음반에 수록할 복제권, 작곡한 음악을 대중이 직접 듣게 할 수 있는 공연권, 방송할 공중 송신권, 판매, 대여, 대출 등으로 대중에게 제공하는 배포권, 상업적인 목적으로 음반을 대여하는 경우 이를 허락할 수 있는 대여권, 작곡한 음악을 토대로 창작물을 만들 수 있는 2차적 저작물 작성권을 말해요.

저작 인격권
작곡가가 음악을 발표할지 말지 선택할 수 있는 공표권, 작곡한 음악의 제목과 내용 등이 바뀌지 않도록 할 수 있는 동일성 유지권, 작곡한 음악이 악보 등의 형태로 출판되거나 공연·방송되는 경우에 작곡가의 이름을 표시하도록 조치할 수 있는 성명 표시권을 통틀어 말해요.

저작권이란 무엇인가요?

저작권은 사람의 생각이나 감정을 표현한 결과물, 즉 저작물을 창작한 사람(저작자)이 가지는 권리예요. 독창적인 생각이나 감정의 결과물을 내가 직접 만들었다면 나에게 저작권이 생기는데, 특별한 절차나 형식은 필요 없어요. 『저작권법』에 따라 창작한 사람인 저작자는 **저작 재산권**과 **저작 인격권**을 가지게 돼요. 저작 재산권은 저작자의 경제적인 이익을 보호하기 위해 주어진 권리예요. 또한 저작 인격권은 저작자의 인격을 보호하기 위해 주어진 권리죠. 이 권리는 사망 후 70년까지 유효하고, 그 이후로는 자유롭게 사용할 수 있지요.

만약 다른 사람의 저작권을 침해하면 어떻게

될까요? 『저작권법』에 따르면 저작물을 허락 없이 복제하거나 다른 사람들에게 배포, 전시, 상업적으로 판매할 경우 5년 이하의 징역 또는 5,000만 원 이하의 벌금을 부과받을 수 있어요. 법에 따라 저작권을 침해당한 저작자는 저작권을 침해한 사람에게 손해 배상 청구를 할 수 있고, 사용을 금지하도록 청구할 수도 있지요.

저작물의 종류

아이돌 가수도 저작권을 가질까요?

그렇다면 노래를 만든 작사가나 작곡가가 아닌 노래를 부른 아이돌 가수도 저작권을 가질까요? 노래를 부른 가수에게도 저작권의 하나인 '저작 인접권'이 저절로 발생해요. 저작 인접권이란 가수, 배우 같이 저작물을 실연하는 사람, 음반을 제작한 사람 등에게 주어지는 저작권과 유사한 권리지요. 그렇기 때문에 아이돌 커버 영상을 제작해서 유튜브에 올리면 저작자인 작사가와 작곡가의 저작권 그리고 노래를 부른 가수와 음반을 제작한 제작자, 방송국의 저작 인접권을 침해하는 것이에요. 하지만 유튜브에서는 각각의 콘텐츠가 원작자의 권리를 침해하지 않도록, 자동적으로 영상 게재를 정지시키기도 하고 광고를 붙여 원작자에게 수익을 나눠 주는 등의 조치를 취하고 있어요.

그런데 노래뿐 아니라 안무에도 저작권이 있다는 사실, 아나요? 댄스 학원에서 한 아이돌의 안무를 가르친 후 영상을 제작해 인터넷 게시판 등에 올리자 해당 안무를 만든 안무가가 소송을 걸었는데, 법원은 안무가의 생각과 감정이 들어간 창의적인 안무 또한 저작권이 있다고 인정했어요. 유명한 가수의 노래뿐 아니라 안무를 활용한 커버 영상을 만들 때에는 『저작권법』에 위배되지 않도록 특별히 더 주의해야 하겠죠?

인터넷에서 찾아낸 정보를 활용해도 저작권 침해일까요?

과제나 공모전 제출을 위해 다른 사람의 글이나 그림 등의 창작물을 인터넷 검색으로 찾아내 그대로 써도 될까요? 저작권은 저작물을 창작하는 순간 저절로 발생하기 때문에 내가 작성한 모든 창작물이 저작물로 보호받을 수 있어요. 또한 저작물의 출처를 적고 활용하더라도 허락을 받지 않으면 저작권을 위반하는 행위가 될 수 있지요. 그러므로 인터넷에서 찾은 자료를 내 것인 양 무단으로 사용하면 안 돼요!

저작권에 대해 좀 더 배우고 싶다면 한국저작권위원회(https://www.copyright.or.kr)를 방문해 보세요! 다양한 저작권 교육 자료, 저작권 관련 판례 등을 제공하고 있어 저작권에 대해 자료를 활용해 조금 더 쉽게 배울 수 있어요!

돈을 주고 구입한 저작물을 내 저작물 제작에 사용해도 될까요?

내가 돈을 내고 다운로드한 음악이나 사진을 내 저작물을 만들 때 마음대로 사용해도 될까요? 정답은 '그럴 수도 있고 아닐 수도 있다'예요.

구입한 저작물은 대체로 개인적인 소장과 이용만 가능해요. 음원 플랫폼에서 구입한 음원은 개인 휴대전화나 PC에서만 들어야 하고, 영화나 영상물 등도 개인적으로만 감상이 가능하지요. 만약 개인적으로 구입한 저작물을 활용해 다른 저작물을 만들거나 구입 저작물을 그대로 내 저작물에 사용한다거나 인터넷 게시판 등에 공유하면 저작권을 침해하는 행위로 처벌받을 수 있어요. 그러나 사진이나 폰트 프로그램 등의 경우는 '상업적으로 사용·배포가 가능하다'는 조건이 있다면 가공·활용해 저작물을 만들어도 돼요.

그렇다면 무료로 내 저작물을 만들 때 사용할 수 있는 저작물은 없을까요? 먼저 유튜브에 영상을 만들어 올린다면 유튜브 스튜디오를 사용해 보세요. 다양한 음원이 제공된답니다. 공공누리(https://www.kogl.or.kr)와 공유마당(https://gongu.copyright.or.kr)도 이미지, 영상, 글꼴 등 다양한 자료를 무료로 제공해요. 제공 자료들을 활용한 사례들도 볼 수 있으니 참고하면 좋겠죠?

더 생각해 보아요

잠옷 패턴에도 저작권이 있어요!

애니메이션 속 주인공이 입는 잠옷 패턴에도 저작권이 있다는 사실 알고 있나요?

일본에 원 제작사를 둔 애니메이션인 〈짱구는 못말려〉는 국내에서도 많은 사랑을 받고 있어요. 다섯 살 개구쟁이 어린이가 주인공으로, 어린이뿐 아니라 어른들에게도 인기를 끌었지요. 관련된 각종 굿즈들이 제작돼 활발하게 판매되기도 했는데요. 그중에서도 주인공이 입고 지내는 잠옷이 실제로 제작돼 불티나게 팔렸어요. 네모, 세모, 원 등 간단한 도형으로 이루어진 이 잠옷은 소위 '짝퉁' 또한 대량으로 제작돼 유통되었어요.

제작과 유통의 권한인 상품화 권리를 공식적으로 지불하고 사 온 S 브랜드는 다른 업체들에 대해 저작권 침해 금지 및 손해 배상에 대한 청구를 진행했습니다. 1심 판결은 S 브랜드의 손을 들어줬습니다. '누구나 알고 있는 도형과 색을 배치한 패턴일지라도 캐릭터의 성격을 표현하는 작자의 사상과 감정이 담긴 표현물'이라고 파자마 패턴의 창작성을 인정해『저작권법』이 적용될 수 있다고 판단한 것입니다. 이처럼 내가『저작권법』을 어긴 것은 아니어도 내가 구입한 물건이 저작권을 침해하는 물건은 아닌지, 조금 더 세심하게 관심을 기울여야 하겠습니다.

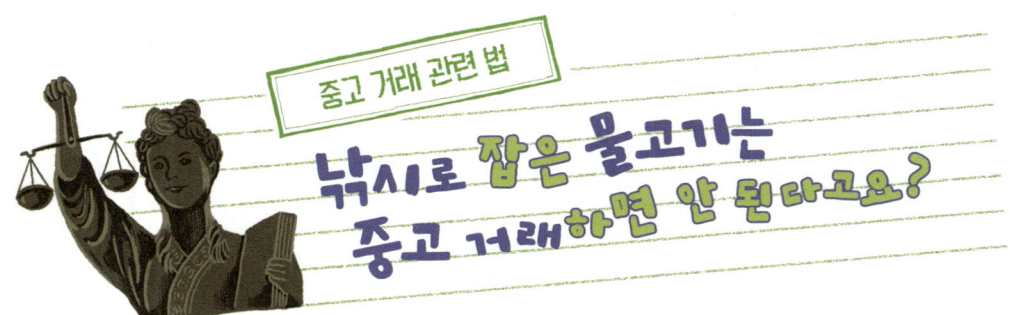

중고 거래 관련 법
낚시로 잡은 물고기는 중고 거래하면 안 된다고요?

수업이 끝나고 집에 가는 길, 현우가 우진이에게 말을 걸었어요.

"우진아, 네 낚시 이야기 정말 재미있더라!"

오늘 수업 도중에 각자 자기 취미에 대해 발표했는데, 우진이가 낚시에 관해 말했거든요.

"그랬어? 난 아빠랑 낚시 다니면서 물고기 엄청 잡았거든."

"네가 잡은 물고기, 사진으로 보니까 엄청 크더라."

옆에서 길을 가던 수지도 우진이가 잡은 물고기를 칭찬했어요.

"그땐 운이 정말 좋았어."

친구들이 관심을 보이자 우진이는 신이 나서 큰 물고기를 낚았던 이야기를 했어요. 가만히 듣고 있던 현우가 우진이에게 제안했어요.

"우진아, 토요일에 나랑 낚시하러 가지 않을래?"

"낚시? 어디로?"

현우가 묻자 우진이가 눈을 크게 뜨고 물었어요.

"우리 동네에 개암천 있잖아. 거기에 큰 물고기 많다고 하더라고."

"거기서 낚시해도 돼?"

수지가 귀를 쫑긋 세웠어요. 수지는 한 번도 낚시를 해 본 적이 없었거든요.

"어, 전에 몇 번 했어. 우진아 너 낚시 잘하니까 나랑 같이 가서 물고기 잡자."

"글쎄. 난 아직 개암천에서 낚시해 본 적이 없어서……. 그런데 낚시는 갑자기 왜?"

"용돈이 필요해서."

"용돈?"

수지와 우진이가 동시에 소리쳤어요.

현우의 말을 듣고 우진이는 의아했어요. 취미로 즐기는 낚시와 용돈이 무슨 상관인지 알 수 없었거든요.

"너희 초코 마켓이라고 알아?"

"초코 마켓? 중고 물건 사고파는 스마트폰 애플리케이션 맞지?"

"맞아. 낚시로 잡은 물고기를 거기에 팔려고."

"물고기를 팔아?"

친구들이 놀라자 현우가 설명을 덧붙였어요.

"사실은 말야, 사고 싶은 게임 타이틀이 있는데 엄마가 절대 허락을 안 하셔. 용돈을 모으긴 했지만 딱 2만 원이 부족하거든."

현우는 손으로 셈을 하면서 우진이에게 말했어요.

"난 초코 마켓 잘 안 써 봤는데…… 거기서 물고기도 사고팔아?"

"뭐든 다 팔아. 난 내가 만든 팔찌랑 다 읽은 책 판 적 있어."

우진이 말에 자칭 초코 마켓 전문가인 수지가 대답했어요.

알뜰살뜰한 수지는 쓸모가 없어진 물건을 초코 마켓으로 팔아서 용돈을 꽤 모았거든요.

"갖고 놀던 인형이랑 옷도 팔 수 있어. 안 쓰는 물건 다 팔았더니 돈이 좀 모이더라."

"진짜? 정말 별걸 다 파네."

"너도 집에 안 쓰는 물건 있는지 잘 찾아봐."

현우는 자기도 수지처럼 초코 마켓에서 물건을 팔아 돈을 조금이나마 벌어서 게임 타이틀을 사는 데 보태고 싶었어요.

"우진아, 빨리 낚시로 물고기 잡아 오자. 어?"

"그래도 되나?"

우진이는 어쩐 일인지 우물쭈물했어요.

"초코 마켓에서 얼마에 물고기를 파는지 먼저 확인해 보자."

현우는 자신의 스마트폰을 꺼내서 초코 마켓 애플리케이션을 설치했어요.

"물고기라고 치면 나오겠지?"

현우가 초코 마켓 검색창에 물고기를 입력하자 물고기 인형과 물고기가 그려진 티셔츠를 거래하는 글만 검색되었어요.

"이상하네? 물고기 이름을 쳐야 하나?"

초코 마켓 검색창에 잉어라고 치자 잉어 그림 액자와 낚싯대만 검색되고 살아 있는 잉어를 판매하는 글은 없었어요.

"어? 왜 물고기 판매하는 글은 안 나오지?"

당황한 현우가 가물치 같은 여러 물고기 이름을 쳤지만 역시나 살아 있는 물고기를 사고파는 글은 찾아볼 수 없었어요.

"진짜 이상하다."

수지는 검색 결과를 들여다보다 예전에 아빠와 했던 대화를 떠올리며 말했어요.

"현우야, 물고기는 사고팔면 안 되는 것 같아."

"사고팔면 안 된다니?"

현우는 조바심이 나 수지에게 조금 더 큰 목소리로 물었어요.

"아빠가 전에 초코 마켓에서 사고팔면 안 되는 물건이 있다고 그러셨거든. 술이나 담배처럼 몸에 해로운 것들 말이야."

"에이, 물고기가 사람에게 해로운 물건은 아니잖아."

"그런가?"

우진이의 대답에 수지가 고개를 갸웃거리며 대답했어요.

수지는 여러 번 초코 마켓을 이용했지만 살아 있는 것을 팔아 본 적은 없었어요. 게다가 예전에 강아지를 키우고 싶어서 초코 마켓에 검색했을 때에도 강아지를 판매한다는 글은 없었거든요.

"강아지가 너무 키우고 싶어서 초코 마켓에 검색해 봤는데 아무 글도 안 나오더라고. 왠지 물고기도 사고팔면 안 되는 것 같은데."

우진이와 현우는 초코 마켓을 잘 몰라 수지의 말이 맞는지 아닌지 알 수 없었어요.

"만약 수지 말이 맞다면 낚시하러 갈 필요는 없겠다."

우진이가 단호한 표정을 지었어요.

"그런가? 빨리 물고기 팔아서 게임 타이틀 사야 하는데…… 내가 다시 알아볼게."

현우는 초코 마켓에서 정말 물고기를 사고팔면 안 되는지 확인하러 인터넷 검색을 시작했어요.

직접 낚은 물고기도 중고 거래가 될까요?

현우는 우진이에게 직접 낚시한 물고기를 중고 거래 애플리케이션을 통해서 팔자고 제안했어요. 수지는 애플리케이션에서 살아 있는 강아지 등을 거래하는 글은 본 적이 없다고 했어요. 아빠가 미성년자에게 해로운 물건은 중고 거래로 사고팔 수 없다고 말했던 것도 생각났지요. 정말로 잡은 물고기는 중고 거래를 할 수 없을까요? 지금부터 함께 알아봐요!

'중고 거래'란 무엇일까요?

개인 간에 물건을 사고파는 일을 '중고 거래'라고 말해요. 조금 쓰던 제품, 포장도 뜯지 않은 새 상품 등 다양한 물건들이 거래되곤 하지요. 중고 거래는 개인과 개인의 거래가 대부분이지만 기업이 직접 중고 물품을 사들여 판매하는 경우도 있어요. 중고 거래의 가장 큰 장점은 필요한 물건을 새 상품보다 싼 가격에 살 수 있다는 거예요.

과거에는 온라인 커뮤니티를 통해 중고 물품을 거래했어요. 대부분 택배로 물건을 받기 때문에 판매 글 내용과 다르게 상태가 좋지 않거나 거래 물품이 아닌 다른 물품을 보내 왔다는 등의 피해를 입는 경우가 많았지요.

최근에는 중고 거래 애플리케이션을 사용하는 경우가 많아요. 온라인 중고 거래의 위험성을 보완해 줄 수 있는 데다 가까운 동네 사람들끼리 거래하므로, 이전보다 거래가 더욱 활발해졌죠.

모든 물건을 중고 거래로 사고팔 수 있는 것은 아니에요!

온라인 또는 오프라인으로 중고 거래를 할 때 모든 물건을 사고팔 순 없어요. 법적으로 사고팔 수 있는 물건이 정해져 있지요. 직접 잡은 물고기는 언뜻 보면 판매해도 괜찮아 보이지만 『낚시 관리 및 육성법』에 따라 판매를 할 수 없어요. 또한 사용하지 않은 화장품 샘플 또한 『화장품법』에 따라 개인 판매와 거래가 금지돼요. 『식품위생법』에 따르면 영업 신고를 하지 않고 개인이 직접 만든 과일 청, 반찬 등을 판매하는 것도 금지됩니다. 만약 개인이 만든 물품을 대량으로 판매하기 위해서는 지방자치단체장에게 영업 신고를 해야 해요. 집에 있는 물건을 판매하거나 필요한 물품을 구입하기 전에 내가 사거나 팔려는 제품이 금지 물품에 해

『낚시 관리 및 육성법』
건전한 낚시 문화를 만들고 수산 자원을 보호하기 위해 만들어진 법이에요.

『화장품법』
화장품의 제조·수입·판매·수출 등에 대해 규정하고 화장품 산업의 발전을 돕고자 만들어진 법이에요.

『식품위생법』
식품으로 인해 생기는 위생상의 위해를 방지하고 식품 영양의 질적 향상을 꾀하기 위해 만들어진 법이에요.

중고 거래 애플리케이션 내 판매 불가 상품
담배
술
주류·담배류·모의 총포
의약품·의료 기기·마약류
TICKET
콘서트
콘서트, 연극 등의 초대권
2019 08.11
2019.09.11
유통기한이 지난 제품
도수 있는 안경·선글라스
FAKE
상표권, 저작권을 침해한 모조품
개인정보
ID
PW
게임 계정, SNS 계정 등의 개인 정보
19
음란물
반려동물
통신사 데이터 인터넷 상품 등
헌혈증
헌혈증
쓰레기 봉투
쓰레기 종량제 봉투, 정부 지원 생필품, 지역 상품권
이 외 법률을 위반하는 물품
[당근마켓 판매 금지 물품 목록 참고]
판매 불가

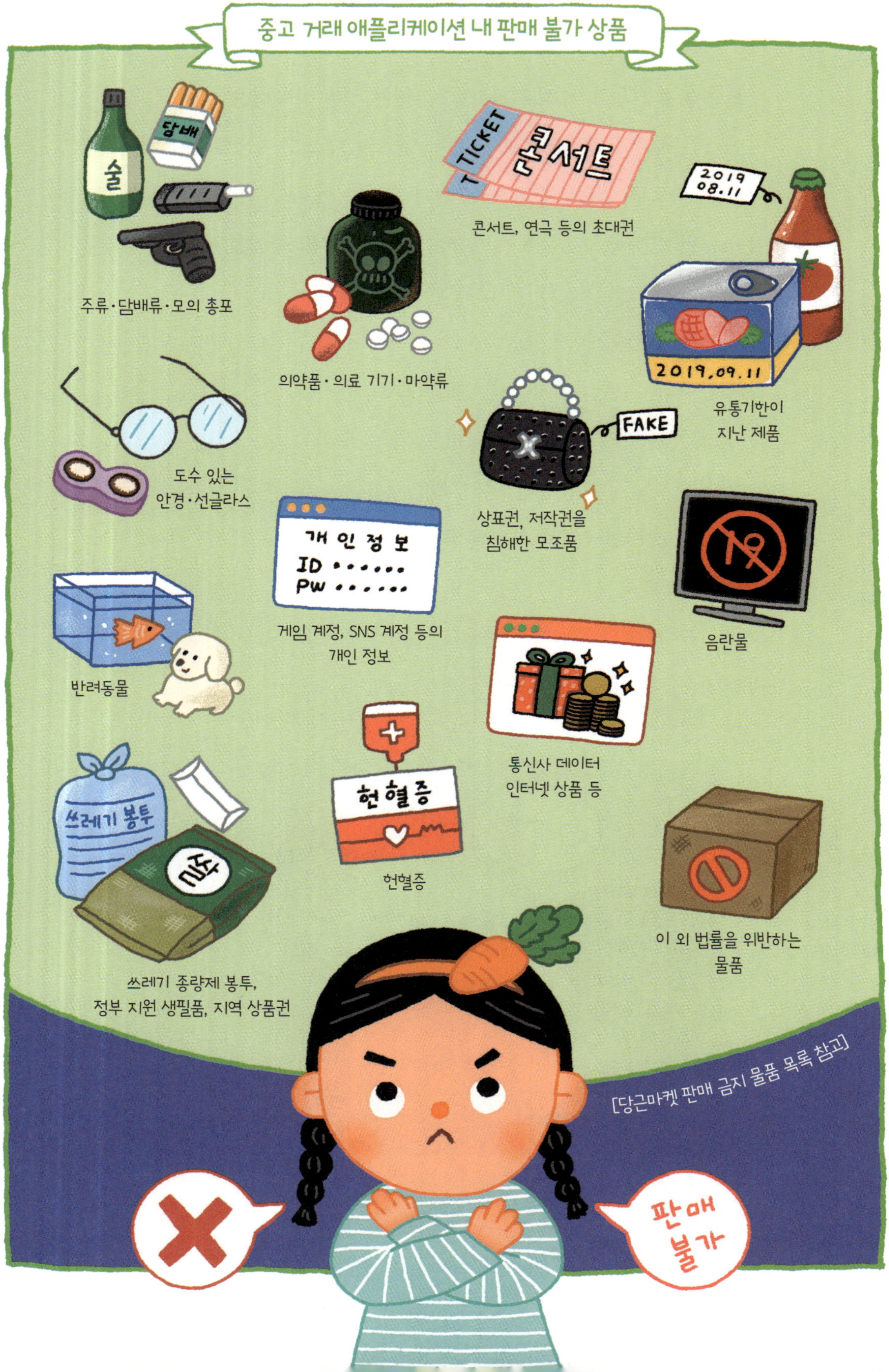

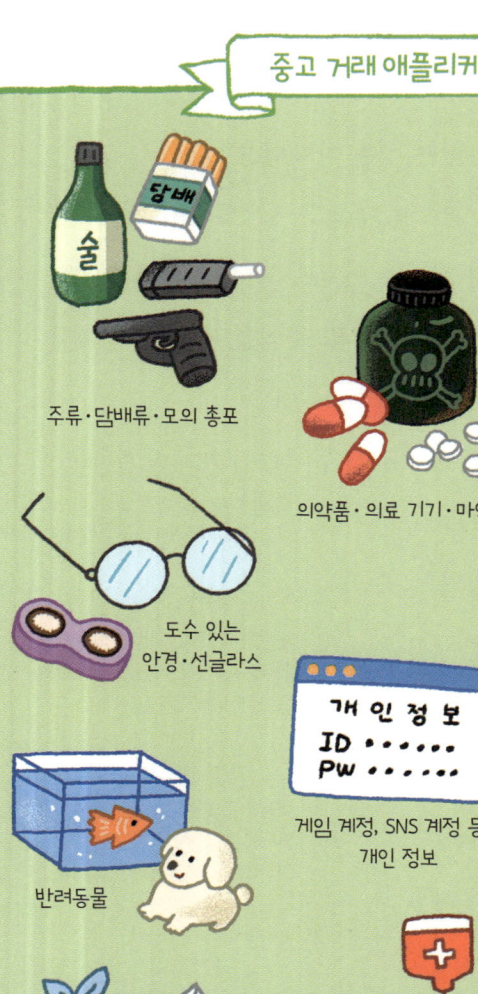

당하는지 꼭 한번 살펴보고 거래를 진행해야 해요.

중고 거래를 안전하게 하는 방법이 있을까요?

중고 거래는 물건을 저렴하게 살 수 있는 장점이 있지만, 일방적으로 거래 취소를 통보받거나 생각보다 상품의 품질이 떨어지는 등의 문제가 생길 수 있습니다.

구매자는 판매 글과 실제 받은 물품이 현저히 차이가 나거나 불량품일 때 판매자에게 환불을 요구할 수 있어요. 하지만 생각과 다르다고 무조건 거래를 취소할 수는 없어요. 그러므로 중고 거래를 할 때는 직거래로 물품을 확인하고 금액을 그 자리에서 지불하는 것이 좋아요. 상품을 직접 보면서 이야기하면 사기의 위험성도 줄고 물품 상태에 대한 의견 차이를 좁힐 수 있지요.

직접 만나는 중고 거래에서는 안전이 가장 중요합니다. 거래하기 전, 내가 구입할 물품이 어느 정도 가격에 거래되는지 알아보고 적정한 금액을 정해요. 물품에 대한 상세 정보도 알아 두면 좋겠죠? 그 후 마음에 드는 물건의 거래 글을 꼼꼼히 읽어 보세요. 중고 거래 애플리케이션이 아닌 다른 메신저로 연락을 요구하면 거래를 진행하지 않는 게 좋아요. 또한 거래자가 본인 인증을 했는지 살펴보고 이전 글도 검색해 보세요. 예전 거래가 성사되었는지도 꼭 파악하고요. 판매자가 연락처를 알려 줬다면 경찰청 사이버수사국 홈페이지, 사이버캅 애플리케이션, 더치트, 노스캠 등에서 검색해 보세요. 문제 있는 판매자라면 여기서 알아낼 수 있답니다. 마지막으로, 직거래를 할 때는 꼭 사람이 많은 지하철역이나 공원 등 개방된 장소에서 만나야 합니다.

종종 중고 거래를 가장한 범죄도 발생하므로 폐쇄된 공간에 절대 혼자 가지 마세요. 부모님과 함께 나가 물품을 확인하면 더욱 안전하겠지요?

만약 오프라인 또는 온라인에서 중고 거래를 하다가 사기를 당했다면, 이체 확인증, 중고 거래 관련 게시글, 판매자와의 대화 내역 등 피해 증빙 자료를 준비해 가까운 경찰서를 직접 방문하거나 경찰 민원 콜센터로 전화해 사기 피해를 접수할 수 있어요. 온라인 중고 거래 사기의 경우 사이버안전지킴이(https://www.police.go.kr/www/security/cyber.jsp) 웹사이트를 통해 신고가 가능해요.

안전 결제(안전 거래)도 무조건 안전하지 않아요!

혹시 물건을 구매하기 전 유독 저렴한 판매 글을 본 적이 있나요? 지나치게 저렴한 물건을 발견했다면 구매하기 전에 유의해서 살펴야 해요.

요즘은 '안전 결제(안전 거래)'를 이용한 사기가 기승을 부린다고 합니다. 안전 결제란 개인 간의 결제를 중개해 주는 방식이에요. 구매자가 지불한 돈을 업체가 보관하고 있다가 판매자가 물건을 보낸 후에 지불하는 방식이죠. 구매자는 물건 확인까지 안심할 수 있고, 판매자는 구매자가 돈을 부치지 않을 걱정을 덜 수 있어 중고 거래에서 흔히 사용하는 결제 방식인데요. 최근 판매자가 구매자에게 결제 수수료를 없애 주겠다며 돈을 다시 보내라고 하거나, 구매자에게 직접 링크를 보내 공식 사이트가 아닌 곳에서 결제하도록 유도하는 방법으로 사기를 친다고 하니 주의해야 해요. 중고 거래 애플리케이션이 아닌 판매자가 SNS로 보내는 링크는 이용하면 안 됩니다.

이웃사촌 대신 하이퍼로컬

　가입자 수가 2,000만 명을 돌파한 당근마켓은 코로나19로 장거리 활동이 줄고 주거지를 중심으로 생활 환경이 바뀌면서 급부상했는데요. 당근마켓은 '매우 좁은 범위'에 서비스를 제공하는 대표적인 하이퍼로컬 서비스로 최근에는 중고 거래뿐 아니라 이웃과 정보, 안부를 나눌 수 있는 서비스와 함께 지역에 있는 가게의 쿠폰 북을 제공하는 등 서비스를 점점 더 확장해 나가고 있습니다.

　포털 사이트 네이버 역시 '이웃 톡'으로 하이퍼로컬 서비스에 발을 디뎠는데요. 위치를 기반으로 지역 내의 정보 등을 공유하도록 서비스를 제공하고 동네에 있는 시장에서 먹거리를 배달해 먹을 수 있는 동네 시장 장보기 서비스도 운영하고 있습니다. 그뿐만 아니라 근거리의 가게 운영자와 아르바이트생을 연결해 주는 서비스 플랫폼, 지역에 따라 자신의 재능을 사고팔 수 있는 서비스 플랫폼 등등 하이퍼로컬을 기반으로 하는 서비스는 여전히 성장하고 있습니다.

　당근마켓 공동 대표는 한 인터뷰에서 당근페이와 지역 상권 강화에 본격적으로 나선다고 밝히기도 했는데요. 이러한 당근마켓의 영역 확장은 지역 상권과 주민을 긴밀하게 연결하고 구매를 촉진시켜서 락인(Lock-in) 효과를 더욱 더 빠르게 가져다 줄 것으로 기대된다고 하네요. 하이퍼로컬 서비스의 발전은 또 우리 생활에 어떤 영향을 줄지 지켜봐야겠습니다.

락인 효과 소비자가 어떤 상품을 구매하거나 서비스를 일단 이용하기 시작하면 다른 유사 상품으로 옮겨 가는 것을 어렵게 하는 마케팅 기법.

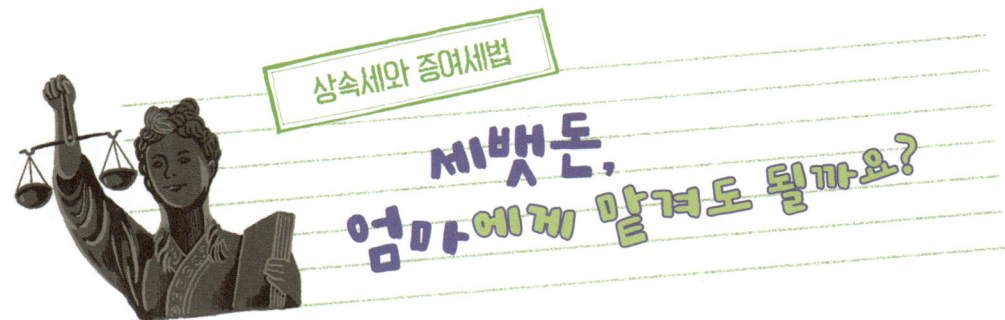

상속세와 증여세법
세뱃돈, 엄마에게 맡겨도 될까요?

"새해 복 많이 받으세요."

설날 아침, 진호는 거실에 둘러앉은 어른들께 세배를 올렸어요.

"그래, 학교 열심히 다니고, 부모님 말씀 잘 듣거라."

"네."

덕담과 함께 할아버지와 할머니 그리고 다른 친척들께서 적지 않은 세뱃돈을 진호에게 건네주셨어요.

"진호야, 세뱃돈 엄마에게 맡겨."

주머니에 돈을 넣는 진호에게 엄마가 손을 내밀며 말했어요.

"전부 다요?"

"이제 사촌들이랑 나가서 놀 거지? 뛰어다니다 돈 잃어버릴 수 있으니까 엄마가 잘 갖고 있을게."

"네. 알겠어요."

명절 때면 늘 그랬듯 진호는 엄마께 얼른 돈을 맡기고 사촌들과 밖으로 나갔어요.

한참을 뛰어노는데 놀이터 옆으로 같은 반 친구인 예나가 지나갔어요.

"이예나!"

진호가 불러도 예나가 그냥 지나치기에 진호는 예나 앞으로 뛰어갔어요.

"이예나! 어디가?"

진호가 다가가자 예나가 우뚝 멈춰섰어요. 예나 귀에는 무선 이어폰이 꽂혀 있었어요.

"김진호, 깜짝 놀랐잖아. 갑자기 왜?"

"어? 너 이어폰 샀어?"

진호는 예나가 귀에서 빼내는 무선 이어폰을 보고 침을 꿀꺽 삼켰어요.

예나의 손에는 최근 출시된 작고 반짝거리는 무선 이어폰이 들려 있었어요. 요즘 친구들 사이에서 인기가 많아서 진호도 갖고 싶던 모델이었어요. 귀에 쏙 들어가는 디자인이라 사용하기 편리한데, 가격이 너무 비싸서 살 수 없었거든요.

"세뱃돈 받은 거랑 용돈 있던 거 합쳐서 방금 샀어."

"그래? 진짜 멋지다. 소리는 잘 들려?"

"당연하지."

예나는 선심을 쓰듯 무선 이어폰 두 쪽을 진호에게 건넸어요. 진호는 작은 무선 이어폰을 귀에 꽂았어요. 모양도 색깔도 멋진 이어폰으로 음악을 들으니 가슴이 두근거렸죠.

"너도 세뱃돈으로 사. 이럴 때 아니면 언제 사겠어?"

"세뱃돈 방금 엄마한테 맡겼는데."

"야, 세뱃돈 엄마에게 맡기면 안 돼. 나중에 못 받아."

예나가 고개를 좌우로 흔들며 말했어요.

"엄마가 잘 보관했다가 나중에 준다고 하셨어."

진호는 어릴 때부터 엄마에게 맡긴 적지 않은 금액의 세뱃돈을 떠올리며 말했어요.

"네가 뭘 모르네. 나중에 부모님이 절대 안 주실걸."

"그럴 리 없어. 우리 엄마는 내가 대학생 되면 용돈으로 준다고 약속했다고."

진호는 예나의 말에 기분이 상해 조금 큰 목소리로 말했어요. 해마다 엄마에게 세뱃돈을 맡기는데 받지 못한다고 생각하니 가슴이 답답해졌지요. 하지만 진호는 나중에 엄마가 다시 세뱃돈을 꼭 돌려주실 거라고 생각했어요.

"나도 원래 엄마한테 세뱃돈 맡겼어. 그런데 올해부터 안 맡겨."

"올해부터?"

"응. 작년까진 맡겼지. 우리 집 사촌들도 다 맡겼었어."

진호는 예나 마음이 왜 갑자기 바뀌었는지 궁금했어요.

"근데 올해부터는 왜 안 맡긴 거야?"

"작년에 대학교에 입학한 사촌 오빠가 고모한테 어릴 때 맡긴 세뱃돈 달라고 했더니 고모가 한 푼도 안 줬다고 하더라고. 그래서 난리가 났어."

"진짜? 왜?"

뜻밖의 말에 진호의 눈이 커졌어요.

"고모가 세뱃돈을 이제까지 오빠 먹여 키우느라 다 썼다고 했대. 그 바람에 사촌 오빠가 엄청 실망했잖아."

"으악, 진짜?"

믿을 수 없는 말에 진호는 크게 되물었어요.

"야, 내가 너한테 왜 거짓말을 하겠냐?"

예나가 자신의 무선 이어폰을 만지작거리며 말했어요.

"아무튼 사촌 오빠가 화나서 알아봤는데, 고모가 안 주견 어쩔 수 없대서 이젠 오빠도 포기했어."

예나는 하늘을 보며 한숨을 푹 쉬었어요.

"사촌 오빠를 보니까 나도 못 돌려받을 것 같아서 이번엔 엄마에게 안 맡겼어."

'지금까지 해마다 엄마에게 맡긴 세뱃돈을 못 받는다니……'

진호는 예나의 말에 갑자기 걱정되었어요. 반짝거리는 무선 이어폰이 진호의 눈에 다시 들어왔어요. 오늘 받은 세뱃돈과 가지고 있던 용돈을 합치면 살 수 있을지 마음속으로 계산해 봤어요.

"나, 엄마한테 오늘 받은 세뱃돈 돌려 달라고 얘기할래."

"지금? 그래, 잘 얘기해 봐!"

진호는 결심한 듯 예나에게 말하고 뛰어갔어요.

"엄마, 엄마!"

헐레벌떡 집에 들어온 진호가 엄마를 찾았어요.

"얘가 숨넘어가게 왜 이래? 무슨 일 있어?"

엄마는 뛰어 들어온 진호에게 물었어요.

"엄마는 제가 대학생 됐을 때 여태까지 받은 세뱃돈 꼭 돌려주실 거죠?"

"갑자기 세뱃돈은 왜?"

"예나가 그러는데 나중에 엄마가 다 썼다고 하면 못 돌려받을 수도 있대요."

"그 말 하려고 여기까지 뛰어왔어?"

엄마는 황당하다는 듯한 표정으로 진호에게 물었어요.

진호는 엄마의 얼굴을 보고 어쩐지 예나의 말이 현실이 될 수도 있겠다는 생각이 들었어요. 힘이 쭉 빠지는 것만 같았죠.

"엄마, 저 갖고 싶은 이어폰 생겨서 사려고 하는데, 오늘 맡겼던 세뱃돈 다시 주세요."

"진호야, 그 이어폰은 네가 쓰기엔 너무 고가 같은데 조금 더 고민해 보고 사면 어떨까?"

엄마는 세뱃돈을 한꺼번에 써 버리면 안 된다고 했어요.

"세뱃돈처럼 큰돈은 스스로 관리할 수 있을 때 돌려줄 거니까 걱정하지 말고 엄마한테 맡겨 놔."

"엄마, 제가 받은 세뱃돈 이제부터 제가 가지고 있을래요."

"얘가 갑자기 안 하던 짓을 하고 그래?"

진호가 고집을 피우자 엄마의 얼굴이 어두워졌어요. 하지만 진호는 예나가 한 말을 떠올리며 엄마에게 세뱃돈을 돌려 달라고 계속해서 졸랐어요.

엄마에게 맡긴 돈, 돌려받을 수 있을까?

진호는 친구 예나의 사촌이 세뱃돈을 맡긴 후 돌려받지 못했다는 소식을 듣고 엄마에게 지금껏 맡겼던 세뱃돈을 다 돌려달라고 해요. 과연 진호는 엄마에게 맡긴 세뱃돈을 돌려받을 수 있을까요? 그 궁금증을 차근차근 풀어 봐요!

부모님에게 맡긴 내 세뱃돈, 돌려받을 수 있을까요?

친척이나 부모님의 친한 친구분들이 종종 용돈으로 큰 금액을 주는 경우가 있지요? 이럴 때 부모님은 아이에게 잃어버린다고, 또는 너무 큰돈이라 마구 쓸까 봐 기타 등등 다양한 이유로 아이의 용돈을 맡기도록 하는 경우가 많죠. 이렇게 부모님께 맡긴 내 세뱃돈, 과연 돌려받을 수 있을까요?

현실적으로 부모님께 맡겼던 용돈을 돌려받기는 어려워요. 『민법』상 19세 미만을 미성년자로 보는데, 미성년자 혼자 법적 행위를 할 때에는 보호자의 허락이 필요하다고 규정하고 있지요. 따라서 보호자인 부모님께 미성년 자녀의 재산에 관한 법률 행위를 대리할 수 있는 권한이 있어요.

> 『민법』
> 대등한 지위에 있는 개인 간의 재산·가족 관계와 같은 법률 관계를 규율하는 법이에요.

그런데 세뱃돈을 돌려받을 수 있는 경우도 있어요. 예를 들어 세뱃돈을 주인인 자식의 건강이나 교육을 위해 지출한 것이 아니라 다른 곳에 썼을 때는 가능하다고 해요. 법적 증명이 필요하기 때문에 쉽지는 않지만 말이죠.

만약 정말 내가 세뱃돈을 당장 써야 하는 상황이라면 부모님께 솔직하게 말하고 허락을 구한 다음 지출하는 게 가장 쉬운 방법이겠죠?

세뱃돈도 세금을 내야 한다고요?

만약 아주 많은 세뱃돈을 받는다면 어떻게 해야 할까요? 『상속세 및 증여세법』에 따르면 미성년자의 경우 2천만 원을 초과하는 세금이나 용돈을 받을 경우 그 초과된 범위 내에서 증여세

> 『상속세 및 증여세법』
> 사망을 이유로 재산을 물려받을 때 부과되는 세금인 상속세와, 생전에 재산을 물려받을 때 부과되는 세금인 증여세에 관련한 법이에요.

를 내야 해요. 증여세란 다른 사람에게 공짜로 돈을 받은 사람에게 부과하는 세금으로, 10년 동안 부모님에게 세뱃돈을 포함해 용돈을 2천만 원 넘게 받거나 삼촌이나 이모 같은 친족으로부터 10년 동안 각각 천만 원 넘게 용돈을 받는 경우 증여세 납부 대상에 해당해요. 아무리 용돈이라고 해도 지나치게 큰 금액은 세금이 부과된다는 사실! 잊지 마세요.

내가 받은 세뱃돈을 직접 관리하고 싶다고요?

만약 세뱃돈과 같은 큰돈을 스스로 관리하고 싶다면 어떻게 해야 할까요? 먼저 내가 하고 싶은 것이 무엇인지, 사고 싶은 것은 무엇인지, 올바른 소비인지 깊게 고민한 다음 계획을 세워서 알맞게 지출해야 해요.

당장 필요한 물건이나 하고 싶은 것이 없다면, 내 이름으로 통장을 만들어 저축하는 것도 좋은 방법이에요. 만 14세 미만일 경우 기본증명서, 가족 관계

증명서, 본인 도장, 부모님 신분증을 가지고 부모님과 함께 은행에 방문하면 통장 개설이 가능해요. 만 14세 이상의 청소년이라면 본인의 주민 등록 번호가 나온 신분증과 도장을 가지고 혼자 은행에 가도 됩니다.

펀드나 주식에 투자하는 것도 다른 방법 중 하나예요. 부모님, 전문가와 함께 충분히 상담한 후에 진행하면 좋겠죠?

경제 교육을 받을 수 있는 곳은 없을까요?

금융감독원에서 직접 운영하는 금융교육센터(https://www.fss.or.kr) 홈페이지에서는 어린이를 위한 금융 관련 학습 자료를 무료로 제공합니다. 그뿐만 아니라 전국에 있는 금융 회사 본·지점과 인근 초·중·고교를 연계해 학교에 방문해 체험과 교육 프로그램을 제공하고 동아리 활동을 지원하지요.

내 세뱃돈을 돌려주세요!

부모님께 맡겼던 세뱃돈을 돌려받고 싶다고요? 부모님은 그동안 모은 세뱃돈을 대학교 등록금 등에 보태거나, 필요할 때 지원하는 경우가 많아요. 다짜고짜 부모님께 세뱃돈을 돌려 달라고 하기는 어렵죠. 그런데 가까운 중국에서는 세뱃돈 때문에 자식이 부모를 고소하는 사건이 벌어졌습니다.

2018년, 중국의 후안이라는 대학생이 세뱃돈을 돌려주지 않는 부모를 고소했어요. 부모님이 이혼한 후안은 등록금이 없어 대학에 입학하지 못할 위기에 처했어요. 이혼한 부모님이 대학 등록금을 내주지 않자, 경제적 문제로 꿈을 포기할 수 없었던 후안은 여러 해에 걸쳐 받은 자신의 세뱃돈 약 980만 원을 부모님이 가로챘다고 소송을 제기했지요. 법원은 후안의 손을 들어주며 후안의 부모에게 매달 약 25만 원을 지급하라고 명령했어요. 중국 법원은 "세뱃돈과 관련된 모든 권리는 아이의 것이다."라고 덧붙였지요.

이러한 경우는 극단적이지만, 돈 때문에 불화가 생기는 경우는 종종 있습니다. 부모와 자식의 관계는 돈으로 결정할 수 없기 때문에 돈과 관련하여 분쟁을 벌이기보다는 많은 대화를 통해 해결해 가는 것이 좋겠죠? 만약 여러분도 미래에 이루고 싶은 꿈이 있다면 그 목표에 쓸 수 있도록 세뱃돈과 용돈을 적절하게 모으고 용돈을 어떻게 활용할지 부모님과 함께 상의하는 게 바람직할 거예요.

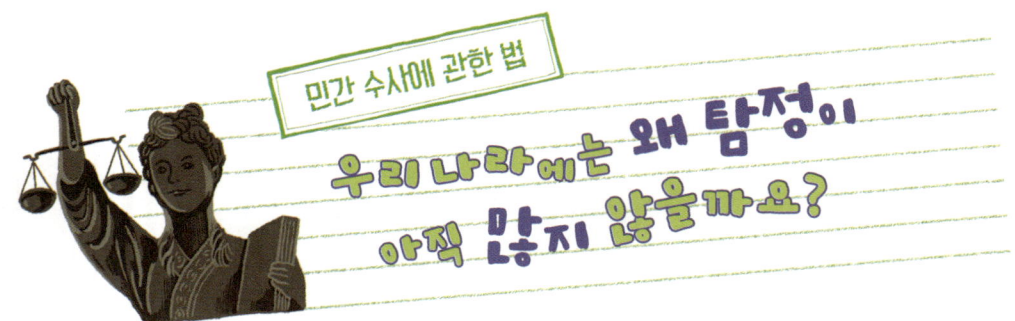

민간 수사에 관한 법
우리 나라에는 왜 탐정이 아직 많지 않을까요?

"영준아! 나 자전거를 찾은 것 같아!"

영어 학원에서 돌아오는 영준이에게 민아가 헐레벌떡 뛰어왔어요.

"잃어버린 네 자전거?"

"응, 지난주에 잃어버린 두발 자전거 말이야. 엄마가 생일 선물로 사주셔서 아끼는 거였는데."

"어디서 봤어?"

지난주에 민아는 아끼던 자전거를 잃어버렸어요. 자전거에 자물쇠를 걸어 놓고 자리를 비웠는데, 그 사이에 없어져 버렸죠.

"우리 아파트 옆 동에 어떤 아이가 내 거랑 똑같이 생긴 자전거를 타고 지나갔어."

"비슷하게 생긴 거 아니고?"

"내가 아끼는 자전거라 딱 보면 알지. 내 자전거랑 색깔, 크기까지 똑같았다니까."

영준이는 자전거를 잃어버리고 속상해하던 민아의 모습이 떠올랐어요. 하지만 비슷하게 생긴 자전거가 많아서 민아 말대로 그 자전거가 민아의 것이라고 확신할 수 없었어요. 영준이는 잠시 고민에 잠겼다가 입을 열었어요.

"우리 경비 아저씨한테 CCTV 보여 달라고 할까?"

"CCTV?"

"응. CCTV. 그 아이가 네 자전거를 가져갔는지 아닌지 확인하려면 CCTV를 봐야 하지 않을까?"

"CCTV로 보면 좀 더 정확히 알 수 있겠지? 좋아. CCTV를 보러 가자."

민아는 영준이와 함께 아파트 관리 사무소 쪽으로 걸어갔어요.

"얘들아 어디 가?"

같은 반 친구인 수린이가 민아와 영준이 쪽으로 왔어요.

"민아가 잃어버린 자전거를 봤다고 해서 확인하러 가는 길이야."

자초지종을 들은 수린이가 큰 소리로 말했어요.

"CCTV는 경찰 아저씨들이 와야 볼 수 있어."

"정말?"

민아와 영준이가 동시에 외쳤어요.

"응. 우리 오빠도 자전거 잃어버려서 CCTV 확인하려고 관리

사무소에 갔더니 경찰이 와야지만 보여 줄 수 있다고 말했어."

"그럼 우리가 가도 별수 없겠네."

"그 자전거가 민아 것이 확실하면 신고하고 보여 달라고 하면 되잖아."

수린이가 침착하게 방법을 알려 줬어요.

"그게, 아직 그 자전거가 내 것인지 확실하진 않아."

민아가 말꼬리를 흐렸어요. 영준이에게는 당당하게 똑같은 자전거를 봤다고 이야기했지만 어쩐지 경찰에 신고를 해야 한다니 부담스러웠거든요. 영준이도 수린이의 말을 듣고 곰곰이 생각했어요.

"어쩔 수 없다. 우리가 탐정처럼 직접 가서 확인해 보자."

잠시 생각하던 영준이가 말했어요.

"뭐라고?"

민아와 수린이 둘 다 깜짝 놀랐어요.

"네가 본 아이가 자전거를 끌고 앞 동으로 갔다고 했지? 대부분 자전거는 층계참이나 복도에 보관하니까 앞 동 층마다 돌아다니면서 네 자전거랑 똑같은 게 있는지 확인해 보는 거야. 어때?"

영준이 말에 두 친구는 어리둥절해졌어요.

"그러다가 사람들이 보면 어떡해."

"너희 셜록 홈스 알지? 셜록 홈스가 그냥 머리 굴려서 추리하는 것 같지만 사실은 두 발로 뛰며 증거를 모아 수사했어. 우리도 증거를 찾으려면 움직여야 돼."

영준이는 탐정 소설을 무척 좋아해서 셜록 홈스 전집은 물론 괴도 루팡까지 추리 소설이란 소설은 웬만큼 다 읽었어요. 탐정이 나오는 것이라면 책뿐 아니라 만화나 영화도 다 봤을 정도예요.

민아와 수린이는 어떻게 할지 망설이다가 자신감 넘치는 영준이 말을 따르기로 했어요. 세 친구는 민아가 말한 앞 동 아파트로 갔어요.

"사건을 해결하려면 증거를 수집해야 돼. 맨 위층부터 차례대로 살펴보고 계단으로 내려오자."

아이들은 영준이 말대로 맨 위층부터 살펴보기 시작했어요. 중간쯤 도착했을 때, 현관문 앞에 민아의 것과 비슷해 보이는 자전거가 보였어요. 영준이는 집 앞을 기웃거리며 자전거를 유심히 살폈어요. 그 모습에 수린이가 놀라 물었어요.

"남의 집을 이렇게 함부로 들여다봐도 될까?"

"수사를 하려면 어쩔 수 없지. 안 그러면 어떻게 증거를 찾냐?"

"허락도 받지 않고 남의 집을 함부로 보면 안 되지. 뭐더라……. 아, 맞다. 사생활 침해야!"

"사생활 침해?"

"그래! 무슨 이유가 있어도 남의 집을 몰래 보면 안 되는 거야."

"야, 탐정은 원래 몰래 조사하는 거야."

수많은 탐정 소설을 읽은 영준이는 자신의 행동이 범인을 잡는 셜록 홈스와 다를 바 없다고 생각했죠.

"네가 경찰도 아닌데 왜 나서? 그리고 탐정이라는 직업을 가진

사람은 본 적이 없는데?"

"너 셜록 홈스 몰라? 셜록 홈스가 바로 탐정이잖아! 그리고 민아가 자전거 잃어버려서 속상해하던 거 너도 봤잖아. 증거만 잡으면 경찰서에 신고할 수 있다고!"

"싸우지 마! 얘들아."

보다 못한 민아가 끼어들었어요.

"민아 너 자전거 찾고 싶지 않아?"

영준이가 민아에게 되물었어요.

"찾고는 싶지. 그런데 수린이 말도 일리가 있잖아."
"네 자전거를 가져갔다는 증거가 있어야 경찰에 신고하지!"
"김영준, 증거도 없이 함부로 사람 의심하지 마. 만약에 저 자전거가 민아 자전거가 아니면 어떡할 거야?"
"야, 너희 그만 좀 하라고!"
 민아의 말에 영준이와 수린이가 하던 말을 동시에 멈췄어요. 민아는 잃어버린 자전거를 찾고 싶었지만 CCTV도 볼 수 없어 답답했고, 누군가를 무작정 의심하는 일도 마음이 편하지 않았어요.

탐정처럼 직접 증거를 찾아다녀도 괜찮을까?

민아는 얼마 전 자전거를 잃어버렸어요. 영준이는 민아와 함께 자전거의 행방을 쫓아요. 지나가던 수린이도 함께했죠. 그러다 다른 사람의 집 현관까지 들여다보게 되고, 수린이는 다른 사람의 사생활을 침해하면 안 된다면서 영준이를 말려요. 탐정같이 다른 사람 집을 마음대로 살펴보는 것은 괜찮을까요? 탐정이란 어떤 일을 하고 우리나라에선 어떻게 활동하는지 한번 살펴봐요!

우리나라에서 탐정이 불법이었다고요?

얼마 전까지 우리나라에서는 『신용정보의 이용 및 보호에 관한 법률』에 따라 탐정이라는 호칭 사용과 직업이 불법이었어요. 이전까지는 기업에서 법의 테두리 안에서 사실을 조사하고 증거 자료를 모으는 직원이나 보험 회사 소속으로 보험 범죄 관련 내용을 조사하는 조사원 등이 탐정과 비슷한 활동을 했지요. 꽤 오랜 기간 동안 탐정 명칭 사용뿐 아니라 탐정을 직업으로 삼는 것도 금지되었었는데, 2020년부터 법이 개정이 되어 탐정이 정식 직업으로 인정되었습니다.

하지만 탐정에 대한 인식과 제도가 별로 없어 탐정의 업무와 범위를 정의하기는 어려워요. 탐정업법 제정과 관련된 세미나에서는 '정당한 권리를 가진 사람에게 의뢰받아 사람의 생사를 파악하거나 재산의 권리와 의무가 누구에게 있는지를 조사하는 사람'으로 탐정을 정의하자고 제안했어요.

> 『신용정보의 이용 및 보호에 관한 법률』
> 주소, 주민 등록 번호 등의 개인 정보와 대출 이력, 예금 내역 등의 상거래 정보 등을 포함한 신용 정보를 효율적으로 관리하고, 신용 정보가 잘못 사용되지 않도록 관리하기 위해 규정한 법이에요.

현재 탐정은 합법적인 범위 안에서 미성년 실종자나 도난에 의한 분실물을 추적하거나, 공개된 부동산 자료 또는 상대 동의를 전제로 한 사실 조사를 할 수 있습니다.

탐정이라는 직업, 꼭 필요할까요?

전문가에 따르면 탐정은 공권력이 하지 못하는 수사를 하고, 일자리 창출에도 효과적일 거라고 해요. 그러나 우리나라에서는 공식적으로 탐정 자격에 관한 관련 법령이 갖춰지지 않은 데다 관련법이 개정된 지 얼마 되지 않았기 때문에 이와 관련된 자격 제도나 인식 등이 아직 걸음마 단계이지요. 그래서 전문가들은 탐정을 전문적으로 양성할 수 있도록 관련 기관을 더욱 다양하게 만들거나 자격·시험 제도 등을 신설해 줄 것을 요청했어요. 또 기존 법을 수정해 사람들이 탐정을 직업으로 선택할 수 있게 도와야 한다고 주장했지요.

앞에서 『헌법』과 세계 인권 선언문이 개인의 사적 영역을 보장한다는 것을 배웠죠? 개인의 사생활은 침해받지 않아야 하는 영역으로, 그 어느 것보다 우위에 있다고 볼 수 있어요. 탐정은 조사를 할 때 다른 사람의 사생활을 침범할 가능성이 매우 높아요. 그렇기 때문에 이와 관련되어 탐정을 직업으로 가진 사람의 업무 범위와 윤리적·전문적 자격에 관한 문제, 또 사생활을 침해할 때 관리와 감독은 어느 기관에서 해야 할지도 함께 생각해 봐야 해요.

탐정은 CCTV 영상을 확인할 수 있을까요?

아직 공인된 탐정 자격 제도가 없을 뿐 아니라 사설 탐정은 수사 권한이 없습니다. 따라서 의뢰를 받아 수사를 하더라도 CCTV 영상을 확인하는 것은 어려워요. 만약 사건을 의뢰한 당사자가 함께한다면 영상을 열람하는 것은 가능할 수 있지만, 영상을 확보하려면 증거 보전 신청이나 경찰의 도움이 필요하죠.

어떻게 탐정이 될 수 있을까요?

우리나라는 아직 공식적으로 탐정을 허가하는 법적 제도가 없어요. 따라서 사설 기관에서 교육을 수료하거나 민간 조사원 자격증을 취득하는 방법이 있어요. 민간 자격증을 취득할 수 있는 대표적인 곳은 '한국탐정교육협회'예요. 이곳에서는 보험 범죄나 교통사고 등에 대한 이해부터 실종자 및 미아 소재 찾기, 디지털 포렌식 등에 대해 교육하죠. 최근 탐정이 정식 직업으로 허가되자, 대학에 탐정 관련 학과가 생기기 시작했어요.

우리나라는 'OECD 회원국 중에서 가장 늦게 탐정 제도가 생겼어요. 미국에는 직원 수가 2,000명이 넘는 탐정 업체도 있으나 우리나라는 아직 갈 길이 멀어요. 탐정 활동에 제약이 많지만 앞으로 관련된 법과 제도뿐 아니라 정식 교육이 이뤄진다면 탐정업이 더욱 더 발전할 수 있겠죠?

 더 생각해 보아요

\# 다른 나라에서는 어떻게 탐정업을 할까?

우리나라와 달리 다른 나라는 탐정업과 관련된 법이 일찍 마련되어 이미 하나의 산업으로 자리를 잡았어요. 미국과 일본은 별도로 공인된 탐정을 관리·감독하도록 제도를 마련해 두었죠. 해외 사례를 조금 더 자세히 알아볼까요?

미국에서는 탐정 업무를 가르치는 다양한 교육 기관이 존재해요. 탐정 산업에 대한 교육과 심리학, 사회학 등을 가르치고 또 체계적인 조사 방법에 대해 가르치기도 합니다. 교육을 받고 국가 면허 시험을 통과하는 등의 방법으로 공인 탐정이 될 수 있는데, 범죄 이력이 있으면 탐정이 될 수 없어요.

영국도 탐정이라는 직업을 수행할 때 필요한, 영장을 보내는 과정부터 증거 확보 방법 등을 가르쳐요. 민간 경비 산업국의 면허를 취득하고 영업을 등록하면 탐정업을 할 수 있는데, 미국과 마찬가지로 범죄 이력이 없어야 하지요.

가까운 나라인 일본의 경우 탐정업에 관련된 법률이 있으며 기관의 교육을 받은 후 탐정의 자격을 얻을 수 있어요.

다양한 해외의 사례들을 검토하고 참고해서 우리나라에 맞게 바꿔 간다면 셜록 홈스와 명탐정 코난 같은 탐정을 조금 더 빨리 만나볼 수 있을 거에요. 더불어 탐정이 어떤 직업적 윤리와 태도를 가져야 할지 사회 차원의 논의가 함께 이뤄져야 하겠죠?

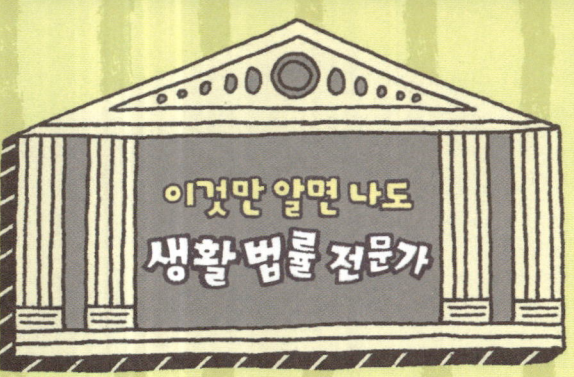
이것만 알면 나도 생활 법률 전문가

1. 사생활 자유에는 주거의 자유, 비밀의 자유, 통신 비밀의 자유가 있다.
○ ✕

2. 잘못 배송된 편지는 내용을 확인해서 주인을 찾아줘야 한다.
○ ✕

3. 가지고 있는 새 상품을 파는 것은 중고 거래가 아니다.
○ ✕

4. 미성년자는 통장을 직접 개설할 수 없다.
○ ✕

5. 뜯지 않은 새것이어도 화장품 샘플은 중고 거래로 팔 수 없다.
○ ✕

11. 점유 이탈물 횡령죄와 절도죄 중에 처벌의 강도가 높은 죄는 절도죄이다.
◯ ✕

12. 개를 산책시킬 때 맹견이 아니라면 목줄을 안 해도 된다.
◯ ✕

13. 똑같은 물건이라도 PC방에서 주워 가졌다면 거리에서 주운 것보다 더 큰 처벌을 받는다.
◯ ✕

14. 경찰이 요청하는 경우에만 CCTV를 볼 수 있다.
◯ ✕

15. 노래를 만든 작사가, 작곡가에게만 저작권이 발생한다.
◯ ✕

16. 넓은 의미의 저작권은 저작권과 저작 인접권을 포함한다.

17. 돈을 지불하고 구입한 저작물이라고 할지라도 『저작권법』에 따라 가공뿐 아니라 공유하지 않아야 한다.

18. 반려견을 키울 경우 기관에 등록하지 않아도 괜찮다.

19. 사람이 없는 바닷가나 강가 또는 산에 텐트를 쳐도 된다.

20. 한국관광공사 고캠핑에서는 전국의 다양한 지역의 정식 허가 캠핑장을 알아볼 수 있다.

21. 음식을 배달시키거나 물건을 구입한 후 부정적인 후기를 남기는 것도 명예 훼손이다.

22. 허가된 캠핑장이라면 어디에서든 요리해 먹을 수 있다.

O·X 퀴즈 정답

1 (O)

2 (X)
편지를 개봉하는 행위만으로도 다른 사람의 사생활을 침해할 수 있으니 그대로 반송함에 넣어야 합니다. 가족에게 온 것 또한 마음대로 개봉해서는 안 되니 유의해야겠죠?

3 (X)
개인이 가지고 있던 상품을 파는 거래 형태는 모두 중고 거래라고 할 수 있습니다.

4 (X)
미성년자라도 만 14세 이상이라면 가능합니다. 만 14세 이상인 미성년자 본인의 신분증(학생증 등)을 가지고 직접 은행을 방문하면 돼요.

5 (O)

6 (O)

7 (X)
금융감독원에서 운영하고 있는 금융교육센터(https://www.fss.or.kr/edu)에 방문하면 경제에 관련된 자료를 무료로 다운로드 할 수 있습니다.

8 (O)

9 (X)
모든 환불은 법적 절차에 따라 결정돼요. 미성년자가 결제를 진행했을 경우라도 곧바로 취소가 되지 않고 필요 서류들을 제출하는 등의 절차를 거쳐야 합니다.

10 (O)

11 (O)

12 (X)
모든 반려견은 외출 시 목줄과 인식표를 해야 합니다. 특히 맹견은 입마개 등의 안전장치를 필수로 해야 해요.

13 (O)
PC방, 택시, 식당 등 주인과 관리자가 있는 장소에서 물건을 가져가면 절도죄가 되고, 길에서 주워 가지면 점유 이탈물 횡령죄가 됩니다. 절도죄가 더 무거운 처벌을 받아요.

14 (X)
경찰이 요청하지 않으면 CCTV 관리자가 열람을 거부하는 경우가 대부분이지만, 반드시 경찰이 동행하거나 요청하는 때에만 열람이 가능한 것은 아닙니다. 예를 들어 서울시 방범용 CCTV의 경우 정보 공개 포털사이트에서 정보 공가 청구를 해도 확보할 수 있습니다.

15 (X)
노래를 부르고 무대를 하는 아이돌 가수들에게도 저작권(저작 인접권)이 발생합니다.

16 (O)

17 (O)

18 (X)
『동물보호법』에 따라 반려견의 주인은 동물 등록 대행 기관을 통해 반려견 등록을 필수로 해야 합니다.

19 (X)
야영은 허가된 구역에서만 가능합니다. 허가된 곳이 아니라면 최소 10만 원에서 최대 50만 원까지 과태료를 물 수도 있습니다.

20 (O)

21 (X)
비방의 목적이 아닌 장단점을 정리한 의견이라면 명예 훼손죄를 물을 수 없습니다. 다만 거짓 내용이나 욕설 등을 남긴다면 명예 훼손으로 처벌을 받을 수 있어요.

22 (X)
각 캠핑장에 따라 다르기 때문에 사전에 꼭 확인해야 해요.